州好教育丛书·好校长系列

GUANGZHOU HAOJIAOYU CONGSHU
HAOZHANG XILIE

杨秀红◇著

追问，只为葆有教育的初心

北京师范大学出版集团
BEIJING NORMAL UNIVERSITY PUBLISHING GROUP
北京师范大学出版社

图书在版编目(CIP)数据

追问，只为葆有教育的初心/杨秀红著. —北京：北京师范大学出版社，2020.7

(走进广州好教育丛书·好校长系列)

ISBN 978-7-303-25861-1

Ⅰ.①追… Ⅱ.①杨… Ⅲ.①中小学－校长－学校管理－中国－文集 Ⅳ.①G637.1-53

中国版本图书馆 CIP 数据核字(2020)第 088128 号

营 销 中 心 电 话 010-58802135　58802786
北师大出版社教师教育分社微信公众号　京师教师教育

出版发行：北京师范大学出版社　www.bnupg.com
　　　　　北京市西城区新街口外大街 12-3 号
　　　　　邮政编码：100088
印　　刷：北京京师印务有限公司
经　　销：全国新华书店
开　　本：787 mm×1092 mm　1/16
印　　张：12.75
字　　数：153 千字
版　　次：2020 年 7 月第 1 版
印　　次：2020 年 7 月第 1 次印刷
定　　价：46.00 元

策划编辑：郭　翔　冯谦益　　　责任编辑：林山水
美术编辑：李向昕　　　　　　　装帧设计：李向昕
责任校对：陈　民　　　　　　　责任印制：马　洁

总 序

一

《国家中长期教育改革和发展规划纲要（2010—2020 年）》提出："办好每一所学校，教好每一个学生。"几年来，各地涌现出了一批好学校、好校长、好教师。总结和推广他们的经验，是推动我国教育改革和发展，提高教育质量，促进教育现代化的强大动力。广州市是我国改革开放的前沿，不仅有着深厚的文化积淀，而且在改革开放中敢为天下先，在教育领域积累了许多新经验。广州市教育局在《广州市教育事业发展第十二个五年规划》文件"办好让人民满意的教育"的要求下，决定组织编写"走进广州好教育丛书"，实在是适逢其时。这是对广州市多年来教育改革创新的一次总结，也是对广州市今后教育改革的一次推动。

根据编委会的设计方案，丛书拟从广州市 1000 多所中小学校、10 多万名教师中选出 10 所"好学校"、10 名"好校长"、10 名"好教师"列入首批出版计划。他们有的是已有 100 多年建校历史，积淀了深厚文化内涵，至今仍然在不断创新中继续勃发着育人风采的老学校；有的是办学时间不长，但在全校教职工磨砺创业、共同耕耘下办出水平的新学校。他们有的是办学理念先进、充满活力、管理经验丰富的好校长；有的是师德高尚、业务精湛、热爱学生的好教师。总之，他们热爱教育事业、热爱每一个学生，创造了卓越的成绩，是好学校、好校长、好教师队伍中的典范。

当前，我国教育正处在由数量发展转向质量提高的转折点上。到2020年，我国要基本实现教育现代化。教育现代化的实质就是要培养现代化的人。教育要回到原点，立德树人，培养具有为国家、为人民服务的责任心，具有创新精神和实践能力，并且具有国际视野和国际交往能力的人才。教育大计，教师为本。我们的校长和教师要立足中国，放眼世界，转变教育观念，改变人才培养方式，促进教育现代化的进程。

我希望广州市在编写"走进广州好教育丛书"的过程中继续挖掘先进人物和新鲜经验，率先实现教育现代化。

2016 年 7 月

2014年的教师节前夕，我写了一篇《广州教育赋》，后来这篇文章在《中国教育报》上刊登了。在这篇赋中我有这么几句话："大信不约，好校长何止十百；大爱无疆，好老师何止百千；大成不反，好学生何止千万；大道不违，好学校就在此间。"中心意思是说，广州好教育是由十百千万的好校长、好教师、好学生和好学校共同铸成的。正是有着他们的大信大爱和大成大道，广州作为国家重要中心城市之一，在教育，尤其是基础教育方面，才能卓有建树，我们也才有可能推出一套"走进广州好教育丛书"。

在这篇序言中我想表达三个朴实的想法。

第一个朴实的想法是，一座城市的教育发展单靠一两所名校，几位名师、名校长是支撑不起来的。能够为这座城市源源不绝地提供人才智力资源的应该是有那么一大群校长、一大批教师和一大拨学校。他们形成一个个各具怀抱的优秀群落，为这座城市辈代不绝地做着贡献，那我们就要为这一个个优秀群落树碑立传。对于广州这样有着将近1500所中小学的特大型城市而言，我们特别有理由这样做。正是有着他们的大信不约（《礼记·学记》）——真正的信义不需要盟约，他们才会在每一所学校不断坚守；正是有着他们的大爱无疆——博大的仁爱无边无际，他们才会为每一个学生殚精竭虑；正是有着他们的大道不违（原为"大道无违"，《晋书·嵇康传》）——不违背教育的使命与历史发展的规律，他们才会为每一个进步中的时代进行着生动的背书。有了他们，才会有一座城市的教育；有了他们，才会有一座城市的发展。有人要问，这套"走进广州好教育丛书"出齐会有多少册？老实说，我也不能确定。这第一批推出的30册只是一个开始，但我相信，只要这座城市在发展，属于这座城市的教育大赋就一定不会有画上句号的时候，它一定会以这样或那样的形式展现出来。

第二个朴实的想法是，对于基层教育工作者来说，我们真正需要掌握的教育规律和教育法宝就那么几条，如果我们钻进教育思潮的各种主义与模式的迷宫中不得而出，那就容易忘记教育最基本的追求。几年前，广州一个区的教育论坛请来了顾明远先生，顾先生在论坛上说："没有爱就没有教育，没有兴趣就没有学习。"我们深以为然。教育理论当然有很多，都值得我们认真学习，其他不讲，仅"因材施教"和"有教无类"两条，在我们的教育实践中是否做到了？我相信，如果我们做到了，那我们就有可能进入好教师、好校长、好学校的序列。所以，在这套丛书中，我们特别看重的是重返教育现场，讲好教育故事，今往兼顾，名特相谐。丛书所列既有杏坛前辈，也有讲台新秀；既有百年老校，也有后起名品；各好其好，好好共生。早在100多年前，广州教育就已经在现代化进程中开风气之先。比如说鼎鼎有名的万木草堂，20世纪20年代开辟新学堂；再比如说最早在广州推行开来的六三学制。在当下的教育大格局中，广州教育自然也不能落后，要有广州的好教育。

第三个朴实的想法是，好教育需要有一个好的教育生态。习近平总书记说："我们的人民热爱生活，期盼有更好的教育。"我们要努力办好让人民满意的教育，那这个教育上的"好"应该体现在哪些方面？除了上面提到的好学生、好教师、好校长、好学校之外，好的教育生态应该是一个必不可少的要素，这其中的一个重要标志就是能够形成尽可能多的教育共识。我们组织编写这套"走进广州好教育丛书"，一个目的就是通过展示我们的教育实践来推动形成更多的教育共识：原来在我们这座城市，在我们身边，就有这些好的教育，值得我们称赞，值得我们珍惜。我们的教育要全面上水平、走前列，这行进过程中积累起来的好教育基础就是我们不断奋力前行的保证。

最后，作为这套丛书的策划者，我要特别感谢北京师范大学出版社，我仍记得三年前，时任北京师范大学副校长的杨耕同志领着北京师范大学出版社的朋友们和我们讨论这套丛书编写出版规划时的热烈情景；另外，我要特别代表广州市教育局感谢顾明远先生为本套丛书作序；还要感谢总主编吴颖民先生以及华南师范大学、广东第二师范学院、广州大学的分册编委的专家团队，正是有他们的认真组织和每一位分册作者的孜孜以求，这套丛书才得以和各位读者见面。

屈哨兵

2016 年 7 月

前 言

QIANYAN

　　获悉成为"广州好校长"书系的推荐人选，我既惊喜，又惶恐。感到惊喜，是因为这既是对我个人的激励，也是对我所在学校甚至花都教育的肯定，更为我提供了一个学习的契机，让我能回顾自身，总结经验，发现不足。而让我惶恐的是，作为"广州好校长"的代表，我需要总结自己的教育思想，完成专著的写作，这无疑是一项难度极大的工作，我担心自己能否完成任务。

　　翻阅已经出版的其他"好校长"的专著，我发现他们都有自己系统而独特的教育理念，都在专著中演绎着自己生动的教育故事。那么，我的理念是什么呢？

　　本书指导专家、华南师范大学《中小学德育》杂志社徐向阳副主编为我把准了"脉"。在一次又一次的长谈、讨论中，我的思路渐渐清晰起来。的确，我不像其他的校长，对自己的教育思想有系统的归纳，而是在三十年的教育生涯中，不断地追问、探寻教育的本真。

　　循着这样的思路，我开始了对教育本真的"追问"。我问"己"，作为一个"好校长"、一个"享受国务院政府特殊津贴专业技术人才"，我一路成长的内在逻辑是什么？是父母的严与爱、老师的悉心引导、同伴的示范，让我获得了成长的内在动力。我问"生"，我们究竟要培养什么样的学生？拨开功利教育的浮云，培养有家国情怀、有独特个性、有道德追求的学生，成了我追求的目标。我问"师"，作为一位校长，我应该有什么样的教师观，如何带领教师队伍前行？于是发现，当我作为一位一线的老师、一位教育教学的引领者、一位教育科研的亲历者时，我对老师的管理才是专业的，也是最有效的。我问"校"，学校内在的发展规律何在？在多年的管理生涯中，本土文化的濡染与自觉吸纳、家校教育共同体的打造、推动学校文化的自然发生，成为我推动学校发展的有效方法。

两千多年前，伟大的爱国诗人屈原在其不朽诗作《天问》中，展现了他对传统观念的大胆怀疑和对真理的不懈追求。在今天这个价值多元、工具理性盛行的时代，作为一名教育工作者，我们同样需要不断地"追问"。惟其如此，我们才能让自己不断修正谬误，走在一条正确的道路上，才不会迷失自我，而葆有初心。

完成这本专著，对我来说是一项系统而又艰辛的工程。有时候记忆模糊，人与事的关联被时间冲淡了；有时候材料欠缺，只能绞尽脑汁去搜寻；更多的时候是文字的斟酌，希望能够将我的想法准确表达而又不会引起歧义。至行文结束，仍觉得尚待改进之处颇多。衷肠难诉，祈愿读者能有所得。

杨秀红

2018 年 9 月

第一篇

问己：优秀是一种习惯

成长是一段旅程。我们乘坐时光的班车，与每一个阶段的自己擦肩而过，终会在某一个站点，遇见最好的自己。在夜深人静时，万千思绪朝我涌来，我禁不住回想成长历程中的点点滴滴，也禁不住问自己，是什么让我选择教育这条路？是什么支撑着我一路前行？又是什么鼓舞着我不断超越自己？也许是父母和家庭给予了我足够的关爱，也许是老师和同学给予了我充分的帮助，又或许是同事们无私的扶持和长辈们耐心的指导。我难以确定哪个是真正的答案。

　　恍惚三十载，我已从一名初出茅庐的教师成长为一校之长。在这段经历中，我自始至终都在坚持着什么？这种坚持的根本动力和原因又是什么？在科研中与管理上，我是如何要求自己的？这样的要求来自家庭、求学，还是工作？一系列的问题困扰着我，似乎无从解答。

　　不知不觉中，坚持已经成为我的习惯，而我却难以觉察这些习惯是如何养成的、何时养成的。好习惯的养成必定与我的成长经历有关，期望在回顾这段时光中找到答案。

第一章 我的原生家庭，我的生命底色

家庭给予了我生命的底色。

——杨秀红

玩伴、军马和"兵叔叔"

1966 年 7 月，广州的天气非常炎热，知了在树上不停地喊着"热啊，热啊"，草儿也晒得无精打采。医院产房的走廊里只有护士来回走动的脚步声，而那些家属们，有的坐在长椅上，有的靠在墙上，有的站在产房门口——一个个都屏息凝神，紧张地等待着一个重要时刻的来临。突然，一声婴儿的啼哭打破了凝固的空气。"生了！"几个人从椅子上跃起，从墙上挺身，从门口跑来，产房门口一下子热闹起来。这个家庭迎来了第三个孩子，取名杨秀红，这就是我。

我的父亲是一名军医，因此我的童年是在军营度过的，那里有我儿时的玩伴、一匹退役的老军马以及英勇的战士。

在我三岁左右时，爸爸妈妈上班后，我就会跟着一群小孩出去玩。军营周边的农村，种植着大片甘蔗。这些甘蔗非常高大，钻进甘蔗地里仿佛进入了森林中。甘蔗成熟后，农民会来收割，但是不小心会在田地里留下一些，于是我们就去捡来吃。收割后的甘蔗地失去了"森林"的神秘，坑坑洼洼的土地显露出些许荒凉。然而对我们来说，跑进地里捡拾甘蔗，却是件快乐无比的事情。偶尔捡到一根完整的甘蔗，那就像收获了巨大战利品的士兵一样自豪。最后，我们会聚在一起，开心地把"战利品"消灭掉。因为啃甘蔗，我的嘴巴被割烂了一大块，爸爸妈妈看到

后特别心疼，于是禁止我以后再跑去捡甘蔗吃。还有一次，我和几个小伙伴在不算宽阔的马路上玩耍，突然，远处有一辆汽车快速驶来，听见有人喊："车来了，快让开！"我们便中断游戏，统统站在马路边上，等待汽车驶过。就在汽车即将经过的一刹那，只见一个孩子突然从路边冲向马路中央平躺下，随即汽车驶过……整个过程只有短短几秒钟，我们都愣住了，等车子驶远才回过神来。这时候，那个小孩从地上嬉皮笑脸地爬起来，告诉我们没事。幸好他身体小，又刚好躺在两个车轮之间，才没有受伤。这两件事让爸爸妈妈意识到，不能再这样下去了，必须把我送到幼儿园，请专门的老师照看。

于是，一天晚上，妈妈把我叫到身边，轻轻地问我："小红（我的小名），你看爸爸妈妈平时都要上班，留你一个人在家不放心，所以呢，我和你爸爸打算送你上幼儿园，那里有好多小朋友，你们可以天天在一起玩，你想去吗？"

"幼儿园离我们家远吗？"我有点担心。

"不远，不一会儿就走到了。不过，你要在那里住一个星期，爸爸妈妈才能接你回家。"

"不要！我要跟你们在一起！"不等妈妈说完，我就跑开了。

部队里有一匹老马，年轻时跟随部队走南闯北，立下了汗马功劳。如今退役了，按照部队惯例，要为它养老。部队有时候会安排战士带它出来走走，活动活动筋骨，有时候也会安排它拉一些货。我很喜欢这匹马，它虽然失去了年轻时候的健硕，但在我眼里仍然气宇轩昂。我有时就坐在马车上，享受着老马慢悠悠的步调。车轮偶尔轧到了石块，车子便跟着颠簸一下，这时，我就在马车上咯咯地笑起来。老马似乎故意拣着颠簸的路走，逗我一路上笑个不停。它似乎为自己的聪明感到一些得意，便轻轻地打起了鼻哼。

"小红，爸爸用马车送你去幼儿园好不好？过几天我再用马车接你回家。"爸爸旧事重提，这次是拿马车诱惑我。

"可是……可是我要一个星期后才能见到你们啊!"我委屈地看着爸爸。

"没关系啦，幼儿园里有老师，有好多小朋友，他们会像爸爸妈妈和兄弟姐妹一样，和你一起唱歌，一起跳舞，一起做游戏。我还担心，到时候你会不想回来了呢!"

"真的这么好玩吗?"我动心了。

就这样，我的幼儿园生活开始了。后来，由于部队调动，老马随军去了其他地方，我就再也没有见过那匹老马。然而，它的相伴给我留下的美好回忆却不曾远去，时至今日，我还会梦到那匹老马以及马车上的时光。

童年记忆里还有军营中的战士们。天刚蒙蒙亮，就可以听到他们喊着口号跑步的声音。整齐的步伐，明快的节奏，在晨曦的辉映中，他们的身影格外矫健。训练之余，他们很喜欢跟我玩，也经常会从家里或商店里带些零食给我，有时候还会跟我讲一些好听的故事。我称呼他们叔叔，比如"李叔叔""王叔叔"等。这些"兵叔叔"有的喜欢讲故事，有的喜欢吹口琴，有的喜欢跟别人摔跤，但都很慷慨大方，让我喜欢。有时候，我会听他们诉说雄心壮志：要是自己能上战场，一定一枪一个准，把敌人打得落花流水，看以后谁还敢欺负我们!

战争说来就来。由于众所周知的原因，我国被迫对南方邻国展开了自卫反击战。我家所在的部队收到上级指令赶赴战场。队伍出发那天，我远远地看到，平时玩得很要好的几位"兵叔叔"就要离开了，不禁伤心起来。父亲安慰我说，过段时间他们就会回来的。

二月的广州，潮湿阴冷，细雨绵绵。一天夜里，军营里亮起了很多灯，一辆辆军用卡车开进了军营。等到卡车停下，人们从车上抬下来一名名伤员。后来才知道，这些伤员全都来自战场。此后的一段时间，军营里的气氛如同凝重的二月天，压抑而沉闷，大家忙着照顾从边境转运过来的伤员。他们当中，有的失去了手臂，有的失去了腿脚，有的失去了眼睛……真让人难以想象，他们在战场上都经历了什么?! 然而，我始终没看到从这里出发的那几个"兵叔叔"——一个也没有! 直到三月，听到广播里说，自卫反击战结束了，我兴奋地跑回家问父亲："爸爸，我的'兵叔叔'要回来了，是吗?"父亲犹豫地看着我，欲言又止，最后有些哽咽地说："他们再也不会回来了!"那一刻，仿佛一股电流击穿全身，又麻又痛，痛得像心脏停息了片刻，大脑一片空白。我第一次体会到战争的残酷无情，它可以一下子吞噬掉许许多多的生命。但悲伤过后，中国军人舍弃小我，在祖国需要的时候挺身而出，即使付出生命也在所不辞的英雄气概，让我震撼、钦佩。

好爸爸，坏爸爸

父亲喜欢晨练。只要天气好，他都会温柔地把我从睡梦中叫醒，一起出门。广州湿气较重，草坪和树皮上常常是湿漉漉的。中大校园的中部有一尊高大的孙中山先生雕像，旁边是宽阔的草坪，在清晨阳光的照射下，晶莹的露珠特别晃眼。这时，我就会挣开父亲的手，跑到草地上蹦蹦跳跳，直到小脚丫沾满露水后才罢休。父亲也不阻拦我，他有时会望着雕像发呆，有时会来回走走，但总让我在他的视线之内。

"小红，长大了想不想来这里上大学啊?"

"想啊! 你看这里好漂亮啊!"

"那你可要加油喽，这里可是很难考的哦。你知道这尊雕像是谁吗?"

我抬头看了半天，想不出来。

"他叫孙中山，不仅创立了中山大学，还有很多伟大的事迹，是我们学习的榜样。"

"爸爸，你讲给我听好不好？"

"孙中山先生读了很多书，很有文化。当时中国老百姓受到外国人欺负，他就到海外留学，寻找救国救民的办法……"于是，父亲开始讲起了孙中山的故事。

不过，在学习方面，父亲并不苛责我。记得小学时，我数学不好，老师布置的作业也经常完不成。于是，我把目光投向了陪在旁边的父亲："爸爸，我不想写数学作业了，帮我写好不好？"

爸爸开导我说："自己的作业要自己完成哦！再加把劲，爸爸陪你一起完成好不好？"

父亲对我的影响远不止如此，他以身作则，以不言之教为我们树立了很好的榜样。父亲生活简朴，虽然是离休干部，但是他仍然习惯于吃馒头、喝稀饭。有时候，母亲调侃他："现在国家富裕了，你也可以吃点好的嘛，别总是吃这些了。"

父亲不赞同她的意见："当年战争的时候，有口饭吃就是天大的享受了。再说了，那些为国牺牲的战友经常是连饭都没有机会吃饱过。我现在能吃上这些，已经很知足啦！"

这就是我的父亲，好得似糖如蜜，让人心里发甜；"坏"得冰冷如铁，让人咬牙切齿。作为一位军人，他那种国家至上、他人优先的榜样行为，在我的身体里植入了红色的基因。

外祖父和他的礼物

20 世纪 60 年代，远在海外的外祖父终于和外婆、母亲取得了联系。因为战乱，与外婆长期失联，他在塔希提岛重新组建了家庭。但是外祖父依然努力打探着外婆的消息，当他得知她们母女相依为命度过艰难岁月后，心里充满了内疚和自责。塔希提岛尽管远在大洋深处，却是冒险家的乐园，来自世界各地的各色人等在这里汇聚、交融，在这里可以接触到新发明，感受到世界的新变化。而这些感触，是被世界主要经济体所封锁的新中国所难以想象的。

从我记事起，外祖父就经常托人从海外带一些东西回来。尤其是改革开放之后，外祖父是最早那批让人带洋货回来的人，他会不时地让人带回来一些新式的家电，比如三洋录音机和电视机。当我第一次看到这些"家伙"的时候，觉得特别新奇。录音机可以把人的声音录进去并播放出来，仿佛那个盒子里面有一个人在学我说话。电视机是比留声机更加神奇的东西，因为它可以将人和图像统统放在那个小盒子里。在当时，这些物品在普通家庭中是少见的。外祖父从海外寄回来的东西，开阔了我的眼界，丰富了我的见识。接触这些新式物品，让我对外面的世界有了更多的期盼和憧憬。

除此之外，在蓝色和军绿色服装"一统天下"的年代，他从海外寄来的衣服显得格外时尚。我和爸爸妈妈住在部队上，这些衣服根本不可能穿出来，于是父亲就把它们都寄回了东北老家。有一次，外祖父托人带给我们几双红色、蓝色的水鞋（又称雨鞋），颜色十分亮丽，这让只能穿黑色水鞋的我爱不释手；而那些带格子花纹的衣服，我穿上就不想脱下了。然而，父亲把这些都寄回了东北——就算我哭闹着想留下，他也不肯。寄走之前，他还要把衣服上的商标剪掉，拿火钳把水鞋上的商标烙掉。之后，外祖父还请人带给母亲一块瑞士女士手表，做工精致，设计简洁秀气，母亲非常喜欢。但是在当时的社会环境下，这块手表是没办法戴出来的。我和姐姐也非常喜欢这块手表，争着抢着玩，结果被我们弄坏了。尽管如此，部队还去母亲家乡调查过几次。虽然外祖父的良苦用心对当时的我们来说过于前卫，但这些物品所蕴含着的教育价值和开放精神，对我的成长产生了重要影响，使我认识到中国只是世界的一部分，懂得了国与国之间的差距，也意识到知识就是改变自我、社会与世界的力量。

改革开放之后，外祖父终于有了回国探亲的机会，母亲才第一次见到了自己的父亲。此时，外婆已经仙逝。外祖父和小外婆（在塔希提岛的妻子）格外关心母亲和我们，每次回国都要买好多礼物，甚至时常通过汇丰银行汇钱给我们，一直到现在。即使现在生活条件改善，母亲已经不需要这些东西时，外祖父仍然用这种方式表达着对我们的爱。外祖父来看我们时，我会问他一些国外的生活经历。他说，当他刚刚到塔希提岛时，语言不通、文化迥异，只好在当地人手下做些散工，勉强度日。在这个最艰难的时候，他心里最牵挂的是外婆以及国家的境况，希望自己能赶快打出一片天地。后来，他在塔希提岛从打工做起，逐步有了自己的百货超市，最终在塔希提岛立稳了脚跟，只要看到中国人或是从中国来的商贩，就一定会问问他祖国的近况，打听外婆的消息。外祖父对我说，他时常会梦到在广东生活的那段时间，梦到自己回到了故乡，有时醒来，发现泪水已从眼角滑落。

作为海外华人，外祖父非常乐意为家乡建设尽力。当外祖父得知家乡要重修祠堂时，他毫不犹豫地表示赞同和支持，并主动出资，他说："祠堂是我们的根，她时刻提醒我，我的家乡在广东，我的祖国是中国。重修祠堂是对家族历史的铭记，也是对未来的期许。"祠堂是供奉祖先和祭祀的场所，是一个家族，一个村落，甚至一种文化的象征。修建祠堂对于我们家族的人来说，意味着精神的寄托，同时也具有道德教化的作用。在重修祠堂那段时间，外祖父对工程进度十分关心，常常托人打听家乡的情况，担心修建的费用或是材料存在问题。有人劝他，重修之事自然有人负责，你远居海外，不用如此费心，但是他却为自己无法亲临现场感到遗憾和愧疚。除了修建祠堂，外祖父还积极参与修建牌坊等公益活动。

与外祖父的接触，让我了解了海外生活的艰辛与独特，也满怀对异域文化的好奇与尊重，体会更深的，是对血浓于水的海外华人的尊敬。他们远在异国他乡，仍心系祖国的发展，希望用自己微薄的力量回馈祖国，将日夜牵挂化为真真切切的基础建设。

母亲的童年生活虽然缺少了外祖父的关怀和照顾，但她身上所展现的气质，却与外祖父有几分相像。她在教育我们几个孩子的时候，非常舍得花钱。她会给我们买很多的书，会买一些学习用品，有的是其他同学渴慕许久的文具。在生活上，母亲也非常注重品质。她舍得给我们买大方得体的衣服，把我们收拾得干净整齐，把家整理得洁净如新。有一次，哥哥神情沮丧地回到家，母亲问他发生什么事了，他说，在玩的时候，跟其他同学打了一架，结果新买的上衣在撕扯中坏掉了。我们以为母亲会打骂他，责怪他不好好珍惜衣服。但是，母亲安慰他说："衣服坏了还可以再买，朋友没了是买都买不来的。无论是谁先挑起的争斗，回想一下，如果你多退让一步，将会怎样？"最终，事情圆满地解决了。母亲宽广的胸怀让我们兄妹三人在与朋友相处的过程中，总能以开放包容的心态悦纳对方，建立和谐的人际关系。

母亲具有勤劳、坚强的品质。在 20 世纪 50 年代前后，农村中的女性读书机会很少，但母亲却读到了高中。她在学习上非常刻苦。放学回到家中，除了帮外婆分担家务之外，她充分利用时间，阅读和复习功课。参加工作之后，母亲仍然保持这种精神，在工作时认真负责，回到家中操持家务。由于从小到大，只有她和外婆两人相依为命，常常受到其他人的欺负，这也养成了她坚忍不屈的精神和乐观开朗的性格。当我每次遇到困难时，她总会鼓励我说，咬咬牙就过去了，未来会更好的。

成长感悟：红与黄，我的生命底色

我在浏览网站，查找资料时，无意中看到《建国大业》这部电影，描述了前辈们为建立新中国，不怕牺牲、勇于奉献的光荣事迹。在这部电影里，既有满腔热血、奋勇争先的军人，又有默默支援、慷慨解囊的海外华人。他们的身影让我不禁回想起童年生活——外祖父海外经商，心系祖国，走到哪里，都不忘自己是黄皮肤的中国人，黄色是他们生命的颜色；父亲在红色军旅的指引下，救死扶伤，心系他人，红色成了他们生命的底色。在这两种颜色的交融中，我既感受到了海外侨胞的赤子之心，又体验到了战争岁月中军人的爱国之情。红黄两种颜色代表的文化，都指向一个目标：家国情怀，这其中蕴含着奉献、爱国、进取、勇敢等精神气质。回想童年生活，我要感谢由"红""黄"两种主色调交织成的世界，因为它让我认识到一个大写的"人"的内涵。

我的童年是在军营中度过的，这让我耳濡目染了军人们保家卫国的使命感和责任心。他们在训练中表现出的激情，在战场上展示出的英勇，在危难中彰显出的奉献精神，都深深地打动着我。

外祖父作为海外华人，延续着中国人勤劳肯干的精神，在事业有起色之后，仍然不忘初心，想念祖国。他从海外托送回来的新式物品，给我的童年增添了很多亮丽的色彩。他给我讲述的许多海外华人的故事，让我感受到海外游子的拳拳之心。

我想，爱国情怀的表现有多种，无论是奔赴战场，还是日夜祈盼，无论是挺身而出，还是背后支援，每个人都以不同的方式，表达着对国家的热爱和祝福。

在成长过程中，父母一直陪伴着我。无论是做作业，还是休闲活动，都有父母的身影，因此我能感受到家庭的温暖和关怀。在艰苦的日子里，父母能够相爱如初，相互关心，使这个家庭牢牢地抱在一起。如今，我有了孩子，也在努力践行着父母应当履行的职责。我不赞同在小学阶段就让孩子上寄宿学校的做法，父母不应当将教育孩子的职责完全交给学校。父母在儿童成长中的缺席是教育中最大的疏漏，因为学校教育替代不了家庭教育，在道德、爱护等方面难以与家庭教育相比。对于父辈来说，父亲虽然是"红色文化"的一员，但外祖父、外婆与母亲的"家庭成分"不好，因而父亲在仕途上有所蹉跎。不过，父亲认为，只要家人相伴，什么样的困难都可以挺过去。

感谢父亲，感谢母亲，是你们给了我最宝贵的生命底色！

第二章　良师与益友，明灯与坐标

良师益友的陪伴让成长之路鲜花遍布。

——杨秀红

善于启发的陶校长

20 世纪 80 年代初，上完五年级的我就读于花县的一所初中。升入初中后，英语成了我的短板，学习起来非常吃力，并且成绩也难有起色。其实我上小学时就上过英语课，但从现在的教学水平来看，质量实在不高。老师的发音不标准，讲课的方法单调枯燥，很难调动我们学习英语的热情。即使有些同学喜欢英语，想掌握好它，也不知道如何去学。

适逢初中一年级，英语老师休产假，于是由陶校长担任了我们的英语老师。陶校长英语发音标准，在教学上也很有一套。课堂上，她会制作一些小卡片，进行情景问答，有时也会让我们模拟对话。有一次，她突然对我和另一位同学说："现在请杨秀红同学和小芳同学上讲台表演这段情景对话好不好？"这是我第一次被陶校长"点兵"，脑子嗡嗡乱响。同桌见我还在愣怔怔地坐在那里，就拉了拉我的袖子，示意我快上讲台。站在讲台上，同学们的掌声似乎失去了韵律，世界也仿佛乱成了一锅粥，刚刚还在脑子里的英语对话，好像也害怕这种场面似的，逃之夭夭了。

陶校长发现我有些不自然，就笑着对同学们说道："这样，我们先让两位同学拿着课本分角色进行对话，之后呢，再把课本放起来，自主对话。"她转身对我俩说："你们准备好了吗？谁先来呢？"

13

"老师，我先来！"小芳似乎按捺不住了。我不是第一个开口，这让我心里安稳了许多。

第一遍结束之后，我从紧张状态中恢复过来，那些逃跑的英语句子重新回到了脑海。抛开书本，我开始自如地进行对话："Hi，Bob……"对话结束之后，陶校长向我们竖起大拇指，开心地说："对话流利，表情自然，非常好！"

陶校长的鼓励对我来说非常珍贵。我第一次感受到学英语的乐趣，这极大地激发了我继续学习的热情。其实当时初中阶段的英语学习比较简单，只要上课认真听讲，将老师所说的语法和知识点记住，课后多背多记就可以了。因此，我的英语成绩突飞猛进，从不及格跃升为全班前列。

陶校长为防止我心骄气傲，让我的英语水平更上一层楼，想出一个办法。当时学校备有三洋录音机，上面有出产地等信息，但都是英文的。她把我叫到办公室，指着录音机上的英文，亲切地问我："秀红，你看看这行英语是什么意思啊？"当时我并没有学到"Japan"这个单词，所以看不懂"Made in Japan"（日本制造）的意思。我摇了摇头，表示看不懂。陶校长说："Japan 的意思是'日本'，in 指的是某个地方，Made 是'制造，制作'的意思。现在，你能猜出这是什么意思吗？"

我想了想，迟疑地说："是不是'在日本制造'的意思？"

"没错，就是'在日本制造'。生活中处处都有英语，比如录音机怎么说？老师的外套怎么说？你看我们办公室里就有很多东西，要是都能把它们的英语名字叫出来该多好呀！"陶校长满怀期待地看着我。这番话语，让我明白了英语学习之路的漫长，也激发了我学好英语的决心。

陶校长采用的启发式教学法，不仅为我的英语学习打下了坚实的基础，而且也让我明白了学无止境的真谛。

经过三年的努力，我考上了花县最好的高中——秀全中学。

"重点的重点"

秀全中学的老师都有独到的讲课方式，总能给学生留下深刻的印象，其中就有一位林老师。林老师是我现在的同事兼多年好友林校长的父亲，当时是我的政治老师，授课方式别具一格。直到现在，当我们回忆高中生活时，仍会提起那句"重点的重点"。

"重点的重点"是林老师上课的口头禅，也是他激励法的展现。时至今日，所有被林老师教过的孩子都会记住他的这句口头禅。上课后，他会拿出课本对我们说："我们先看看重点，请同学们用横线标出来。"一听到"重点"，我们的注意力一下子全集中起来，都竖起耳朵听，齐刷刷地在书上划。到了第二阶段，他会说："这是重点的重点啊！应该用波浪线标出来。"然后，我们就很认真地继续在书上标注。第三阶段，他又说："这是重点的重点的重点！要用三角形标出来。"天啊，怎么都是重点！可是等我们反应过来，一堂课就这样被"忽悠"过去了。林老师深谙学习之道，明白只有集中精力，学习效果才会好，在 45 分钟的课堂时间内，让学生精神高度集中就是王道。一般来讲，一堂课如果能够保证学生有 20 分钟的时间处于精神集中状态，那就已经很不错了。但林老师整堂课都可以调动学生的注意力。他的激励法，使学生上课感到不辛苦，因为他的"忽悠"，使整堂课都非常高效。

当我们知道"上当"后，他就会哈哈大笑，为自己的"诡计"得逞感到高兴。我们气不过，就私下里给他起了一个外号"肥佬林"。因为林老师比较胖，体形臃肿。后来，"肥佬林"成了我们对林老师的昵称。

林老师那句"重点的重点"时常萦绕在我耳畔，对我影响深远。他教会了我，突出重点才能让人专注，才不会将有限的精力分散开来。如此专注的学习和培养，使我在学习和生活中能够高效地处理问题，因此，我在后来的工作中能够具备有效率的办公能力，一定程度上要归功于林老师对我的教导。

三年后，我们面临高考志愿填报。出于对英语的喜爱，我原本想报考广州外国语学院（现广东外语外贸大学）。然而，当年高考英语实行标准化考试，这动摇了我报考英语专业的决心，担心英语会考砸。为了能够稳妥地考上大学，我最终选择了师范专业，就读于广州师范学院（现广州大学）。

亦师亦友的大学老师

大学期间，我所学的专业是历史学。我的班主任是何薇老师，她对历史和传统文化很有研究。那时她刚刚从华中师范大学历史系毕业，所以年龄只与我们相差三四岁，大家相处很融洽。何薇老师对我们十分关心，只要遇到困难，她一定会竭力帮助解决。当时的大学规定，晚上十点以后必须关闭宿舍楼大门，并确保学生都在宿舍里。因此，何薇老师或者学生会、宿管人员会来查寝室，看是否都在宿舍。有一段时间，何薇老师都不曾出现，一直是学生会和宿管人员负责检查。这一天，我们几个人正在宿舍聊天，突然，伴随着轻轻的敲门声，传来一声熟悉而又温和的问候："休息了吗？我来看看你们。""哇！何老师来啦！"一瞬间，我们像炸开了锅一样，冲向门口，把她拉进了宿舍里。

"老师，您好久都没来看过我们了，我们好想你啊！"

"这段时间事情比较多，我也觉得好久没看到你们了，所以今天过来问候一下大家。这是我买的一些水果，等会请秀红帮忙给大家分分。"

何薇老师与我们相互问候后，开始询问我们在学校的近况。我们促膝长谈，不知不觉就到夜间十二点了，最后在依依不舍中互道晚安，结束会谈。

我与何薇老师的私人交往也是从大学时期建立起来的。大学里，何薇老师让我担任班长。记得有一次，我们班级要搞一次班级活动，目的是促进大家交流，增进彼此情谊。活动内容是班级里每位同学，或结伴，或单人，至少出一个节目，另请两位同学担任主持人。当我把活动布置下去后，同学们参与的积极性并不是很高。眼看着活动的日期将近，我很发愁，应该怎么办呢？于是，我找到何薇老师，诉说遇到的问题。何薇老师耐心地听我诉说完，然后安慰我说："作为班长，你想调动大家的积极性，通过活动把大家凝聚在一起，这个想法非常好。至于你遇到的困难，可能跟你处理的方式有关。"她温柔地给我斟了一杯茶，递到我手里，接着说："你觉得这杯茶怎么样？"

"挺香的。"我把茶杯贴近鼻子，轻轻地嗅了嗅。

"但是，并不是每个人都喜欢喝茶，即使喜欢喝茶的人也不一定都喜欢喝这种茶。所以，我们该怎么办才合适呢？"

"不能强迫别人，要让他们自由选择喜欢的东西。"

"不错，那么如果把我们的班级活动看作这杯茶，你觉得要怎么做呢？"

"老师，我明白了。同学们有的喜欢表演，有的不擅长；有的喜欢唱歌，有的喜欢跳舞，因此我应该根据每个人的特长，邀请他们参加。"

"可是，如果表演的人很少，你会怎么办呢？"她皱着眉头看着我。

"是啊，这可怎么办啊？岂不是一会儿就结束了！"我刚刚舒展的眉头又紧锁起来。

"可不可以考虑一些互动游戏，穿插着进行？这样既可以活跃气氛，又可以增加活动时间。"何薇老师点拨了我一下，使我恍然大悟。

班级活动圆满结束了，而我对何薇老师的敬佩也增加了许多，使我们的关系也更进了一步。后来在我任职棠溆小学校长时，需要进行学校文化的顶层设计，我还专门邀请她为我们出谋划策。2018

年，何薇老师退休了。因为我们感情甚好，所以我特意参加了她的荣休座谈会，为她送去祝福。她在微博里描述从教时光时，深情地写道：

1985年带着理想和憧憬来到广州师范学院历史系报到，从此就没有离开，尽管有几次外调的机会，我最终还是放弃了。就这样一干，就是半辈子，将最好的青春年华献给了党的教育事业。从广师到广大，从历史系到秘书学系，在历史系工作20年，在秘书学系13年，其间当过9个班近20年的班主任。

一路走来，得到许多领导的教诲、爱护和提携；得到许多同事的支持、帮助和包容；得到许多学生的理解、配合和认可。和很多同事结下了深厚的情谊，有你们同行，我不孤独，我很幸运。同时，伴随学生成长，我也在不断成长，很享受"亦师亦友"的关系状态和交往。

一路走来，校园许多美好的遇见令我感动，一句句暖心的话，一次次温馨的提醒，一场场生动有趣的学生活动……仿若昨日，历历在目，是你们的厚爱为我的教师生涯划上了圆满的句号，我感激万分。

她在提起我时，特意写道："我第一届学生（85历史），早已青胜于蓝，广州教育家培养对象、广州名校长杨秀红，就是专门从花都赶过来的。"

在何薇老师的指引下，我学会了在学习和工作中，要勇敢面对困难，要在解决问题的过程中逐步提高自身水平。若非何薇老师的鼓励、支持和点拨，我难以取得今天的成绩。她的性格、与人交往的方式、对待生活的态度以及工作的精神，都在我的心里留下了难以磨灭的痕迹。

大学时代，还有一位值得我感谢的老师。她是我的体育老师，运动员出身。可能是出于运动精神，她对我们要求非常严格。

图 2-1　何薇老师荣休座谈会(1)　　　图 2-2　何薇老师荣休座谈会(2)

　　然而我从小体育不好，肢体运动不太协调，有些运动项目费了很大力气也难以达到及格水平。其中，爬杆是我最难以克服的。小时候，我来到爬杆下，抬头向上看了看高高的爬杆，深吸一口气，双手抓住爬杆，使劲往上爬，可结果，刚刚爬了几十厘米就滑了下来。尝试了几次，最后手都快磨出茧子了，还是爬不上去。还有一项运动，叫跳山羊，对我来说，恐惧是跳山羊最大的障碍，跳个山羊能把自己吓个半死。跳山羊要求我们先助跑，到达山羊前面后，双腿用力起跳，同时双手按在山羊上面，分开两腿，双臂用力一撑就过去了。但是，每次我跑到山羊前面时，就不自觉地刹住了车，停了下来，害怕跳起来被绊倒。后来终于有勇气跳起来了，但是跳得不够高，不是趴在山羊上，就是骑在山羊上，还是跳不过去。于是，下课后，我叫上两个要好的女同学一起来到操场，请她们注意我的安全，我下了决心，咬着牙，双手的力气也突然变大了，终于跳了过去！

　　从我小时候的体育表现中可看出，我的运动技能比一般人差很多。大学体育课是两节连在一起上的，所以老师会不断地要求我们练习。印象最深的体育运动是游泳。有些同学会一点点游泳，因此学习起来并不难，但我从小不会游泳。

　　老师把我们带到游泳馆，泳池的水很干净，一眼见底，池中还有一条条横带，将泳池分为七个部分。下水前，她对我们说："大家先学漂浮，就是我们常说的'浮冬瓜'。首先，双手抱膝，身体蜷缩，憋住气，闭上眼睛。这个时候，你会感觉整个身体慢慢地漂浮在水中。"

她继续教我们："等学会这一步之后，就要学习潜水，主要掌握如何换气。先深吸一口气，然后把身体全部潜入水面以下，屏住呼吸，过段时间再探出头换气。刚开始我们可以将潜水时间控制得短一些，等动作熟练之后，逐渐将时间拉长。大家下水试一试吧。"

刚开始，我们不敢下水，因为水池的深度超过了我们的身高。"老师，我们不敢下去，水太深了。"几个女同学小声地恳求老师。

但是，她很坚决："不行，必须下水，否则挂科！"

最终我们一个个沿着池边慢慢下到水池中。出于"保命"，就按照她教我们的方式，先"浮冬瓜"，后潜水。考试时，她说："考试要求很简单，每个人必须从这一头游到那一头。无论你采取什么方法，'狗刨'也好，蛙泳也好，潜水也好，游过去就算及格！"

她时常挂在嘴边的话是："如果我对你们宽容，就是谋害你们的生命。"如今，尽管我游得仍不是很好，但足以自救，这都得益于她的严格要求。

体育老师锻炼了我们吃苦耐劳、勇敢坚强的性格，在运动项目上，根据每个人的基础和潜质，提出不同要求，让每个人都达到比上课前更高更快更好的水平。在困难面前，她鼓励我们勇敢面对，相信自己能够克服它们。这对我来说，是一笔宝贵的财富。当我在工作和生活中遇到瓶颈时，甚至周围的人怀疑自己的选择和决定时，我依然坚信自己的抉择，执着于自己的目标，冲破重重难关，实现最初的梦想。

我的同学，我生命的坐标

如果说良师是我人生路上的明灯，指引我前行的方向，那么益友则是我的船桨，给予我前进的动力。有人说，没有了友谊，世界仿佛失去了太阳。回想求学生涯，同学之情、同窗之谊是最打动我的。他们身上所焕发的青春、蓬勃的朝气、不服输的精神，在我心中留下了难以磨灭的印象。

20 世纪 80 年代的大学生活是丰富多彩的，各种社团活动、各种思想观念充盈着年轻人的世界。我们可以自由参加社团活动，比如跳交谊舞、参加沙龙派对、参与话剧表演等。只要感兴趣，就可以参加。

我在大学社团中参加过话剧表演，主要以历史剧为主。我们利用课余时间排练，几个人聚到学校的小花园或是空地上，拿着剧本练习对话。记得有一次，学院请我们社团出一个节目，在迎新晚会上演出，于是我们选择了"霸王别姬"的片段，还特意加了一些喜剧元素。人物角色包括项羽、虞姬、刘邦、若干将士。在剧本设计方面，邓智极为擅长，他点子很多，想法很奇特，总是能设计出巧妙的包袱和对白。在表演上，吴琼很有天赋，她主动担任我们的舞台指导，在如何表现惊讶、难过、开心等面目表情上进行示范，在如何面对观众、掌握表演节奏、预留掌声等细节上提请我们注意，在肢体动作上，如何大方得体、恰当到位，都一一指明。演出当天，观看表演的同学们非常兴奋，对我们的表演赞誉有加。因为我们几个表演的特色非常明显，在那段时间，路上有同学见了我们，打招呼时会说"那不是项羽嘛""那不是虞姬嘛""那不是刘邦嘛"。

第一次上台表演时，我特别紧张，甚至忘了台词。随着演出活动的增加，我逐渐克服了这种紧张情绪。因此，大学期间的演出，使我变得更加自信，也敢于在公众面前展现自己了。社团活动使我意识到，培养和发展一个人当众表演的能力是多么重要。除此之外，在社团活动中，结识了许多才华横溢的人，他们各有所长，在拓展视野、博闻多识方面给予我非常大的启迪。

大学是一个缤纷多彩的小世界，接纳着各种有才华的人，然而，这里也有许多看似默默无闻的学生。他们不是碌碌无为的平庸之辈，而是蓄势待发地涵养自身。这其中就有我的同班同学蔡远。

大学时代，我们上课的位置也基本上是固定的，而蔡远就坐在我的后排。当时，我们班组建了学习小组，无论是上课讨论还是课后作业的完成等，都是通过小组进行的，恰好我和蔡远被分到了一个小组。蔡远并不是一个很起眼的人，在班级活动中也不刻意表现自己，在课堂上也不主动回答问题，在学校活动中也看不见他的身影，似乎这所学校里有没有他都一样，在我们生活中也总是像一个配角似的人物。不过，他很乐观，性格开朗，内心阳光，热爱运动，因此大家也都喜欢和他接触。蔡远喜欢打篮球，平时会约几个伙伴去篮球场上打球。在篮球场上，他结识了许多好友，经常会看到他跟其他专业的同学打招呼。在我们看来，他并不是那么突出，但却认识很多人，这让我们感到很好奇。有一回，我们问他："蔡远，为啥这么多人认识你啊？"

蔡远笑嘻嘻地说："可能因为我比较帅吧，哈哈哈。"

听他这么一说，我们故意说道："你认识的这些男生，个子都比你高哦！"

"不能这么比，我跳起来还是比他们高的。"说完他自己就又笑了起来。

蔡远的乐观精神鼓舞着我。每当我遇到难过的事，或是遇到考试之类，就很焦虑，这时我会转过身向蔡远抱怨。他以一种豁达的心态安慰我，让我把这些事情都看得淡一些，着眼于自己的行动，只要认认真真地付出了，别怕结果如何。他说："要学会古人那种'尽人事而听天命'的精神。"每次跟他聊完，我都会被那种充满正能量的精神所打动。眼前的世界犹如拨云见日，顿时晴空万里，一片光明。

毕业多年后，听说他发展得不错，成立了一家公司，如今发展壮大，他已经成为公司的总裁了。我想，他能取得如此大的成就，一定程度上得益于这种乐观的精神以及积极的生活态度。因为商场沉浮，他一定会遇到大大小小的困难，如果没有这种精神的支持，难免会丧失斗志，一蹶不振。

与蔡远的乐观主义精神相对应的，是我们班一位女同学坚强不屈的精神。她叫王萍，在学习方面很刻苦，很爱看书。有一次我去她的宿舍，看到她的桌子上放了好多书，有些是比较旧的，有些是新的，有些还未拆封。我惊奇地问她："这些书能看完吗？"她谦虚地告诉我："当时喜欢就买来了，无聊的时候就随手翻翻，至于能不能看完，就顺其自然吧。"尽管如此，王萍并不是一个"书呆子"型的人，在人际交往方面处理得也很不错。一方面源于她为人比较大方，虽然经济条件不是很好，但愿意为别人付出和着想；另一方面在于她性格比较好，骨子里坚强，但外表和言谈很温柔。

记得有次一起去逛街，看到一家书店，我们就进去看看有没有喜欢的书。在看书上，我与她有很多共同的话题，因此一说去书店，就一拍即合。我逛了逛，看上两本历史小说，可是当我结账时，恰好缺了一本书的钱。王萍说："我这里有，你不用找了。"走出书店，我说："谢谢你，今天带的钱不够，回去后还你。"她摇了摇头，说："不用了，咱们都爱看书，这本书就当我送给你的吧。"后来她也确实没有收这笔钱。

王萍性格很好，很少跟人红过脸或者说刻薄的话。但是她是个非常坚强的女孩，利用课余时间勤工俭学，赚取生活费。在大学期间，她起得很早，回来比较晚，她的舍友看着她这么辛苦，都有些心疼。然而她并不觉得生活多么艰辛，她说："现在能上大学，我已经很知足了，我是自费生，不想给家里增添太多负担，学校能给自己提供勤工俭学的机会已经很好了。"她一方面感谢目前的生活，另一方面又有一种不甘于现状、想要努力突破当前处境的冲劲。然而，命运似乎总在跟她较劲。就业前，她不断地寻觅一份心仪的工作，刚开始在一所初中的招聘中脱颖而出。但是她觉得这所学校的地理位置不在市中心，交通不便，发展潜力有限。之后，又应聘去了一所高中。后来就只听说她仍在不懈奋斗，努力使自己变得更好。

无论如何，王萍身上那种不服输、不向命运低头的坚强性格时时激励着我。与她相比，我有一个和谐美满的家庭，有相对充裕的物质条件，但每个人都会面临种种困难和挑战，只有具备了这种坚强不屈、永不气馁的精神，才能走向卓越，才能超越自己。

将目光从大学再次转到秀全中学，除了"重点的重点"的那位林老师，有一位同学也让我记忆深刻，因为他可以说是一个全面发展的学生。他叫刘军，是我们班的尖子生，学习成绩特别优秀，全部科目都能保持第一。更让人费解的是，他看起来并不是很"用功"的学生，因为我们经常看到他桌子里放着许多小说。上自习课时，其他同学有的整理错题，有的复习教材上的知识点，有的进行模拟练习，而刘军则显得格外悠闲。他从抽屉中拿出一本厚厚的小说，摊开在双腿上，低着头悄悄地看着，生怕老师突然出现。他不仅爱看小说，还喜欢唱歌。当时我们班每两周会抽出一节课的时间，请一位同学教大家唱歌。刘军毛遂自荐，先在黑板上抄下歌词，然后一句一句带领大家学唱。最让我难忘的一首歌是《送别》，在我们毕业时，大家围在一起唱的最后一首歌就是它："长亭外，古道边，芳草碧连天。晚风拂柳笛声残，夕阳山外山……"歌曲还未结束，声音已经哽咽，歌曲终了，大家已是泪流满面。他也喜欢运动，球类运动也好，田径运动也好，每逢学校举办一些运动项目比赛时，他都会踊跃参加，为我们班赢得了不少荣誉。

此外，刘军长相俊美，身材修长。有时候，我们会开玩笑说，老天不公，为何将智慧与美貌同时赋予一个人。毫无疑问，刘军是我们班男生的偶像，更是女生心目中的明星。无论是球场上矫健的身影，还是优美的歌喉，都令人羡慕不已。

在我看来，刘军是一个全面发展的人，他能够培养自己多方面的兴趣和能力，充分利用、合理分配自己的时间，将学习与休闲有效结合起来。也许正是由于他能够完美地实现劳逸结合，所以才可以显得不那么"费力"。通常来说，我们都在努力使自己变得更好。在过一种好生活的意义上，如果能够实现全面发展，使自己的生活充实而有意义，那么我觉得这就是一种真正的好。

成长感悟：老师和同学，我生命中的"贵人"

有次课间，一位小学生跑到我面前，困惑地问我："杨老师，您为什么选择当老师呢？"

我看着她迷惑而单纯的眼神，并没有直接回答她，而是问她："如果你能够改变一个人，或者影响一个人的成长，会不会开心呢？"

"当然开心啦！"

"老师就是这样的一种人，我希望通过自己的努力，让你们这些小花朵都绽放出属于自己的美丽，所以我才选择当一名老师呀。在这个过程中，我体会到无比的快乐。"

学生点点头，开心地跑开了，或许我的回答消除了她的困惑吧。其实，不只老师，还有同学，他们都是我们生命中的贵人。

在与各位老师、同学的交往中，我逐渐清晰地认识到自己的兴趣所在、发展方向以及需要改进之处。从老师们那里，我学到兴趣的重要性，有兴趣才能做好；学到专注的分量，有重点才会更好；学到亦师亦友的精神，有帮扶才能提升；学到勇敢挑战的品质，有自信才能成功。

以史为镜，可以知兴替；以人为镜，可以明得失。求学中的同伴各有所长，通过他们，我能够更好地认识自己。同窗们认真做事的态度、顽强不屈的毅力、乐观向上的精神无时无刻不在鼓舞着我。面对学习和生活的不如意，我学会了坚持和忍耐，学会了勇敢面对。从他们身上，我懂得了生活的艰辛与不易，但仍要乐观面对，以不屈不挠的精神奋力前行；懂得了生活的精彩不仅仅在于取得多少成绩，更重要的是学会生活、具备享受生活的能力；懂得了理想与现实之间存在的差距，但仍要心怀梦想、坚定信仰、永葆初心。

回首求学生活，良师与益友作为我的重要他人，他们对我的关怀与培养是我人生中的一笔宝贵财富。良师给予了我许多宝贵的知识、细微的关怀，而同窗们也在我的成长中留下了值得铭记的回忆和感动。

第三章　职途辗转，坚守自我

坚守自我，才能遇见最好的自己。

——杨秀红

在书中寻觅我的伊甸园

1987 年 7 月，夏日的广州热情似火，比这更热烈的是毕业生的心情。他们走出了校园，步入了社会，怀着激动、兴奋而又无比期待的心情，即将走上工作岗位。这一年，我从广州师范学院历史系毕业，在激情澎湃的憧憬中，被分配到了花县（即现在的花都区）新华镇培新中学任教。

然而，现实给我上了重要的一课，犹如一桶冷水泼在烧红的烙铁上，"嗞嗞"的响声把我从美梦中惊醒了。

培新中学是在当地一所小学的旧址上建立的，当时还没有铺校道，全部是土路。正式工作的第一天结束后，我委屈地回到家，向母亲抱怨道："妈，你都想象不到这个学校有多糟糕！校园里面都是土路，早上晴天，风一来，满天是土，鼻子里面都是黑的。到了下午，又哗哗地下了场雨，土路就变成了泥路，泥水都没到了我的小腿。你看，我的鞋子都脏了。"

母亲安慰我："慢慢会变好的，不要这么轻易放弃。"

我继续埋怨："学校还没有篮球场，我想运动都没有地方去了。你更想象不到的是，学校没有独立的厕所，使用的是原来小学的厕所。它是建在鱼塘上面，卫生条件特别差。"说着说着，我回想起自己的中学和大学生活，感觉到天上地下般的差距，泪水一下子就涌了出来。

母亲语重心长地说："每个地方经济条件不一样，想想那些孩子们，他们也是生活在那种环境里，但对知识怀着无比的热爱。你现在是一位人民教师了，要为孩子们着想。"

除此之外，学校对面还有一座水泥厂，仅一条马路之隔。水泥厂的粉尘特别大，飘在空气中，四散到各处。上课时，我们把课桌擦得干干净净，下课后，课桌上又蒙上一层灰尘；放学后，回家洗把脸，水都是混浊的，擦一把鼻子，手绢上都是黑的。当我女儿三岁时，耳朵下面鼓起一个暗红色的大包，我们来到医院检查，医生说这是毛母质瘤。等医生用刀片切开它时，我们看到里面都是泥沙。可想而知，学校给学生提供的学习环境多么恶劣。然而，值得欣慰的是，我负责的40多名学生，在这样艰苦的环境下学习劲头很足。

我家离学校比较远，在花都的两端，每天要骑车上下班，单程需要半小时。学校没有食堂，中午我也要赶回家吃饭，这样算来，每天要骑行两小时。广州的太阳毒辣辣的，一个月下来，人已经晒得黑不溜秋了。毕业后，其他同学被分配到不同地方，心里烦恼的时候也没办法相互安慰。因为当时只有单位之间可以通电话，联系很不方便，即使写信也要很久才能收到，何况把信写好后，心里的烦闷已经烟消云散了。

职业生活的开端使我经受了一次洗礼，但我始终坚定信念，不轻言放弃，相信通过自己的努力，一定会有所成就，也相信命运会青睐我的。这一信念也许源于儿时的一部电影《乡村女教师》。电影描述了一位平凡的乡村女教师，依靠坚定的教育信念，使山村的孩子们走进学校。她用自己的大半生时间，实现了自己的教育梦想，使学生们在各个领域取得突出成就。影片的最后，大家围绕在这位教师身边，共同祝愿自己的启蒙老师健康长寿，更祝愿自己的祖国繁荣富强。工作后，这部电影我又重新看了好几遍，每次都有不一样的感动。这位女教师的执着精神、教育情怀激励着我。

但唯有信念并不能完全缓解心情，也不能解决所有的不愉快。我找到一些合适的方法，以纾解压力、保持积极的生活态度。放学后，我借用学校的琴房，学习钢琴。弹钢琴是我工作后自学的，先是学习简单的五线谱，按照谱子练习，等这一阶段的基础打好后，再进行下一阶段的练习。天长日久，我慢慢地学会了演奏一首完整的曲子。每当我沉浸在"哆来咪"的旋律中时，工作的疲惫、生活的烦恼都被抛到了脑后，这一刻，世界仿佛安静了许多，内心也从容、平静了。回到家，我会按时学习英语，这是我一直保持的习惯。从对英语的热爱到化为一种生活方式，英语学习带给我的不仅是知识上的享受，还有一种文化上的接纳和拓展。我通过阅读英语报纸、英语著作，诵读英语文章，保持着英语的语感和思维。英语学习为后来我外出访学、国际交流、学校特色发展提供了有益的帮助和启迪。

不过，缓解心情最主要的方法是看书。从历史老师的角度，我要求自己的阅读范围一定要广泛。我读过《易经》，明白事理与自然发展之间的微妙关联与相似；读过《上下五千年》及各种野史、名人传记，懂得历史事件与人物的相互影响。通过大量阅读，我积累下来许多可资利用的教学资源，对课堂的驾驭和学生的发问，能够游刃有余地应对。

在我入职时，培新中学是一所新成立的学校。改革开放后，国家对发展教育非常重视，1985年出台了《中共中央关于教育体制改革的决定》，许多地方开始响应国家号召，兴办学校，而培新中学就是其中之一。因为是新学校，并且师资力量以年轻教师为主，加上学校的教研活动并未开展，所以对于我这样的新教师来说，既没有老教师的帮带，也没有可资借鉴的教学经验，更没有同事之间相互切磋的平台。面对这些对知识孜孜以求的学生，我感到作为教师应具有的责任和担当，要抱定信念，做一名合格的教师。

　　打定主意后，我每个月定期去一次广州市的新华书店，看看有哪些适合学习的书，买回来阅读。正式入职后第一个月，我拿到了第一份工资，虽然只有八九十元，但对于生活在 20 世纪 80 年代末的人们来说，也算是一笔可观的收入了。周末早上，我从家中出发，先骑车到公交站。那天天气很好，虽不是正午，但太阳依旧火辣辣地晒着人们，偶尔有一两只家犬，也躲在树荫里，呼哧呼哧地吐着气。公交站附近有专门存车的地方，存好车，我挤上公交车，辗转两班车，终于到达新华书店。下了车，环顾四周，看着熟悉的建筑和街景，我忍不住回想起大学期间来这里看书的情景。书店犹在，人已变换。

　　我在书店的书架间走走停停，翻阅着一些有趣的书，或驻足阅读，或慢慢寻觅，有一瞬间，仿佛回到了学生时代。时间在书本中快速地流逝，一转眼就已经下午了，最终，我从书店的文学区、历史区等书架上，选择了一摞书。

　　有一次，同事张老师在路上遇到我，看到我手里提着一摞书，问道："杨老师，您这是从哪里弄了这么多书？"

　　"刚刚去了趟新华书店，买了一些书，带回家看。"

　　张老师看了一眼书的高度，惊奇地说："这么多书应该要很多钱吧，你大半个月的工资快没了吧？"

　　"是啊，不过难得去一次书店，索性多买了几本。"

　　每次买书，我都会搜罗一大摞回去，有种知己重逢的喜悦，迫不及待地想一口气读完，如同想与知己彻夜长谈，细数彼此经历的点点滴滴。

　　我买这些书，并不是简单的阅读与填充生活时间，主要目的是为教学服务。作为一名历史老师，我并没有采取传统的教学方法，如讲解知识点、背诵记忆历史事件等，而是采用故事教学方式。我认为历史就是由一个个事件构成的，只有让学生回到历史事件中，他们才可能理解历史、体验历史、领悟历史。

在这种教学理念的指引下，我大量阅读历史典籍、名人传记，将课堂知识与历史故事结合起来，使教学和课堂变得生机勃勃。比如，在讲授"贞观之治"一课时，我并没有直接条理清晰地列出"贞观之治"的原因、措施、意义等，也不是直接告诉学生，唐太宗开明的治国思想包括轻徭薄税、勤于政事、广纳意见等方面。相反，我采用叙事的方式，从618年李渊称帝开始讲起，穿插着古代等第次序、长幼尊卑的礼俗，以及李世民南征北战的英雄故事，并从人物内心出发，将其情绪、动作表演出来。

我在讲到玄武门之变时，这样说："626年六月初三，李世民悄悄向李渊告密。"于是我假装自己是李世民，双手抱拳，用加粗的嗓音说："陛下，太子建成、齐王李元吉淫乱后宫，并且儿臣并无辜负兄弟之事，而建成、元吉却要杀害我。"

我接着讲道："李渊闻之愕然，决定第二天查问。六月初四，李渊召建成、元吉入宫……李建成、李元吉入朝行至临湖殿，发觉情况异常，立即回马欲归（作勒马状）。李世民跃马而出，随后大呼，李元吉引弓射李世民，由于仓皇失措，拉弓不开，再三不达有效射程。李世民一箭射杀李建成（作拉弓射箭状）。尉迟敬德率骑继至，左右箭射李元吉坠马。李世民马入丛林，被树枝绊住，坠马不能起。李元吉突至，夺弓将扼李世民，尉迟敬德大喝一声，飞马赶来，李元吉逃跑，被敬德射杀……"

我声情并茂地讲完故事，学生们也听得津津有味。学生们说："老师，上完您的课，不仅了解了历史，还体验到了历史人物的内心世界，特别有趣。"

有时，我会提供一些资料，让同学们自己创作剧本，表演历史事件。这个灵感来源于我的大学生活，也希望通过舞台表演，锻炼学生们表达的能力。因此，我的历史教学受到学生们的喜欢。尽管需要阅读大量材料，如《资治通鉴》《史记》，但是这个过程不仅充实了我的学识、提高了教学水平，而且更重要的是，能让学生真切地感受到历史发生发展的过程。

即使学校的教研水平很薄弱，在培新中学任教的九年中，我也没有机会交流，也无外出学习的机会，但我依靠自学、反思、经验总结，逐步提升自我。这种脚踏实地地去学习、去教学的习惯，使我从一点一滴的小事做起，终于获得了学生和老师们的认可。我也形成了自己的教学风格，即以故事为主线，辅以相关古迹（如大雁塔）、传说（如孟姜女哭长城）、成语典故（如任人唯贤），逐渐拓展开来。我们学校的曾主任曾这样评价我："你上课最生动，看看书就能上好课！"由于我的教学效果很好，学校开始让我担任这一年级的级长，负责教学工作。

课题研究，我的成长秘诀

九年时间，恍惚即过。1996 年 8 月，我被调到花都市（现为花都区）新华镇第七小学（以下简称七小）任教导处副主任，主管教学与教研。七小是我教学生涯的转折点。因为七小，我的教学内容从中学转为小学，我的教研水平从自我摸索走向课题引领，我的职业生涯从一线教师逐渐步入幕后管理。

1996 年，一次评教活动结束后，黄校长找到我，诚恳地说："杨老师，您的教学非常生动有趣。现在我们七小刚刚成立，特别需要您这样的优秀教师，并且我敢肯定您的教学一定会受到小学生们的喜欢，不知您是否愿意加入七小？"听到黄校长的赞赏，我非常开心，因为自己的付出得到了别人的认可。于是，我接受了这个新的挑战，转调到七小，开始踏上新的征程。

　　我入职七小后，在教学上得到黄校长的帮助和点拨。他像一位老师傅一样，手把手教我，在教案编写、课时进度安排、内容选择、教材分析、学情分析、课堂管理等方面，都对我提出了建设性意见，使我的教学水平获得极大提升。从中学到小学，知识结构、教学方法都有很大不同，教学调整对我提出了非常紧迫的要求。因而黄校长对我的帮助至关重要，使我遇到困难也可以迎刃而解，他这种"扶上马送一程"的态度，对新来的教师而言，不仅重要，也很温暖。即便退休后，他也并没有直接离开学校，仍然继续辅助了我们一年。

　　黄校长身上体现出来的执着精神、学习精神，深深感动着我们，为我们树立了榜样。黄校长坚持练习钢琴、学习英语。在他快退休的时候，我们仍然可以看到琴房中那个熟悉的身影，还可以听到清晨诵读英语的声音。黄校长对待教育工作非常认真，这从他详细的教案、工整的字迹、听课的神情中都可以观察到。

　　在黄校长的细心关照下，我在 2008 年通过了小学教师中级专业技术资格评审。花都区距离广州市中心较远，经济发展水平与教育教学水平相对薄弱，因而在专业技术资格评审中往往处于劣势，花都区的教师很少能够通过评审。这次评审的顺利通过给予我很大的信心。

　　七小带给我最大的变化是开始接触课题研究。课题研究对提升教育教学水平意义重大，是将教研与科研有效结合的途径。第一次接触课题是在 2000 年前后。课题名为"发展与创新教育研究"，是由高等院校教育专家开发、以中小学学科教学改革为重点研究对象的教育部全国教育科学"十五"规划课题。总课题组除通过现场上课、评课、说课、微型讲座、课题论坛等多种形式鼓励全体师生参与校内、校际和区域性、全国性研讨交流活动，为广大课题实验学校师生提供广阔的发展平台外，还通过印发《简报》、提供资料、下校辅导、专题培训等方式进行指导。

限于当时信息化水平不高，专家们往往凭借自身的教育教学能力，牵头为一线教师们以身示范。如时任深圳教育学院小教系主任的龚浩康教授，他为了将课题精神准确传达出来，亲自上阵，设讲堂、开讲座，手写讲座稿。直到现在，我家中还收藏着他的手稿。经过一个阶段或单位时间的实施后，他还会认认真真地进行总结，提炼经验，吸取教训，提出进一步改进方案。他从经验中提炼出的"大—中—小课堂"理念极具价值。具体而言，大课堂指课外实践，中课堂指学校实践，小课堂指课堂教学，三种课堂有机联系，全方位多角度地促进学生发展。与龚教授的交往，使我们学习到先进的教育理念、感受到教育家的情怀、领略到专家们的水平。

我觉得这次课题研究，犹如一股东风，扬起了小学语文改革的船帆。其中，最让我记忆深刻的是 2001 年的赛教。当时学校组织的课程是《兰兰过桥》那篇文章，我们利用信息技术，制作好幻灯片，融入教学设计，最终因课程的新颖性、趣味性、生动性，获得了比赛一等奖。后来经有关部门和学校的要求，将我们上课的过程录成视频，刻录成光盘，作为教学范本，发行全国。这一次的课题研究，不仅使七小的教师学到很多教学理念和技能，还使七小从一个普通的基础学校跃升为花都区的名校，并且代表广州市参加全国性的教研和科研交流。

当课题研究逐渐成为小学教育教学水平提升的重要举措之后，我意识到课题研究的重要价值和意义。龚浩康教授是中国《小学语文教学大纲》的制定者之一，他申报了教育研究课题，并将七小作为实验学校。

正因为此，我从龚教授那里获得了一些前沿信息，能够第一时间把握到课题研究的时代走向。同时，我经常思考学校发展和教育教学中的问题，希望借助某种力量改进学校、改革教育，也希望自己的教育梦想能够在实践中有所体现。当我发现课题研究所要解决的问题正是我所思考的问题、课题研究的取向正是实践中的难题时，我毫不犹豫地选择了课题引领的路径。

在七小就任副主任一职，并未使我放松对教学能力的强化。每逢有著名教育学人或者全国名师来广州开办讲座，我都要去听。比如窦桂梅老师的课就听过许多次，那时候门票很贵，并且很难买到，于是我们就想尽办法进去。我先让前面的人拿着票进场，之后他把门票悄悄扔下来，后面的人再进去。我后来成为副校长也依然坚持去学习，去听讲座。通过大量学习、长期的听课评课，我发现，学科之间是相通的。因而我对每门课，都可以给予指导，都能看出来他们的问题在哪，基本上达到融会贯通的程度了。此外，我在当主任后仍继续教学，订阅《小学班主任》杂志，天天看，不断学习他人的教学经验。

一分耕耘一分收获。我的努力不仅使自己的教学能力和管理能力得到提升，也得到了上级领导的认可，因而上级部门委以重任，1998年，让我担任花都市新华镇第七小学的副校长。

任职期间，我的角色意识很强。在我看来，副校长既要成为校长的好助手，帮助校长解决问题和实施决策，又要面向全校的师生，主管教学工作。对领导，我服从他的安排，不越级行使职权，同时，将工作的每个环节都做好，让校长放心。比如他要发表演讲，我会根据他的指示和讲话风格，将稿件起草好，对于易读错的字词尽量少用或者指出读音。作为校长的幕后协助者，我明白自己的职权边界，不会私自越权处理重要事务，而是经过校长同意后，再去付诸实施。在荣誉面前，我不会与校长争功，因为没有他高屋建瓴的指导思想以及丰富的管理经验，是无法做出这些成绩的。我与校长的合作非常愉快。一方面是性格上的互补，校长的指导思想很先进，能够提出一些建设性意见，而我思维缜密，能够在他的框架下加以补充，使之更具有可操作性。另一方面是彼此的默契。我能够很好地领会他的意图，并且心甘情愿地付诸行动，而对于我的观点，他也能够虚心听取。因为我们默契的配合，他一有事就打电话给我，相信我一定可以解决问题。

"启甘棠之新知，澍人才之德行"

2002 年，徐甘澍先生之三子、国际奥委会终身荣誉委员徐亨先生与花都区政府达成共识，择棠澍小学现址，由区政府投资两千多万元、徐亨先生捐资两百万元重建。作为区直属学校，政府及徐亨先生对学校建设非常重视，在选拔校长方面，采取公开竞争的方式进行，而我也借此机会来到了棠澍小学，与棠澍精神结下了不解之缘。

徐亨先生在筹建棠澍小学时，不仅专门请人设计，而且还委托田家炳先生负责学校建设。棠澍小学的设计理念和建设规格都是非常先进的，以至于花都区其他小学在改建或新建时，都参照了棠澍小学的建筑风格。印象最深的是，田家炳先生发现很多小学的厕所都是开间式的，人与人之间没有隐私可言，他提议必须将它改造成小单间式的。由于设计和建筑标准的较高要求，学校在正式开学时，仍有一部分校舍的桌椅在筹备中。但总体上来说，学校有充满艺术氛围的音乐室、配套实用的美术室、宽敞明亮的阅览室、宽阔平整的篮球场等，设施很完备。

当我以校长的角色进入棠澍小学后，面对的第一个问题就是如何管理和加强师资力量。棠澍小学的教师来自全区，教学水平参差不齐。基于此，我根据以往管理经验，结合学校实际，采取课题引领、教师帮扶计划。一方面通过课题研究，解决教师教学中的问题，在科研中加强团队意识和合作能力，提升教学水平。另一方面通过教师间的传带帮扶、教研组之间的合作交流，缩小教师教学水平的差距。

第二个问题是学生的管理。棠澍小学新建时，合并了大华小学。与棠澍小学相比，大华小学的学生行为不够规范，他们讲粗口、随地吐痰、翻越栏杆。经常有学生跑到老师面前告状，埋怨大华小学的学生不遵守学校规则等。我与老师协商，决定将这些学生分散到各个班级中，通过化整为零的方式，借助良好班风的影响，转化这些学生。刚开始，有教师抱怨，这些孩子难以管教。于是我给老师们做工作，劝诫老师要一视同仁、有教无类。经过老师的努力和感化，这些孩子的行为得到了纠正，真正地融入了棠澍小学。

　　这两个问题可以总结为两个主题：课题研究与制度建设。在棠澍小学，我们参与过的课题有《开展网络环境下校本培训优质化，促进教师专业化发展研究》《展开"先学后教"理念探究，培养学生尝试创新能力》《小学生科学人格培养的学校实践研究》《小学生课外阅读范围、内容与策略的研究》等。其中《开展网络环境下校本培训优质化，促进教师专业化发展研究》由教育局牵头带队，代表广州市去安徽参加全国性成果评比，获得一等奖。此次评审，专家对棠澍小学的课题研究给予了高度评价，也认为我在课题研究方面表现出很高的科研水平。作为花都区的代表，我们还前往长沙、深圳等地，去观摩、评比。以棠澍小学为中心，花都区其他学校前来参观、学习，后来我们的课题研究的实验学校发展到了十二所。此外，棠澍小学还是花都区"科学课堂"和"智慧教室"实验学校。我们邀请全国著名教育心理学家皮连生教授到学校指导"科学课堂"。皮连生教授的目标分类具有很强的理论性和实践性，主要内容是目标清晰、策略科学、评价准确。这一目标分类不仅对教学适用，对管理也很适用。总之，从课题入手，以点带面，棠澍小学旨在培养专家型教师、专家型校长。课题研究有助于教师更新观念、提高能力、提高效率、优化教学。

图 3-1　参加全国性成果评比

杨秀红校长代表广州市在《基于网络环境下校本培训优质化，促进教师专业化发展》总课题的全国现场会上介绍经验

在制度建设方面，主要是立规矩、要落实，采取检查、反馈、评比等多种举措。通过学习并结合学校实际，我和校委会制定了一些规章制度。这些制度从学生发展的角度出发，有理有据。因为人都有惰性，肯定会招致一些反对意见，所以要依靠自己的坚持树立榜样。我作为校长，要在各方面起到引领作用，大家跟着制度慢慢改变，形成习惯就可以了。如果遇到抵触情绪较大的老师，我化解的办法不是直接找他谈，而是请中层领导与其沟通。并嘱咐中层领导要先观察，逐渐引导，不要一棒子打死。如果发现是惰性问题的话，我会在学校大会上直指现象，督促大家改正，为了保护教师们的尊严，不会采取点名的方式。为了提高管理能力和效率，我手头常备的两本杂志是《人民教育》和《福建教育》，有的书页已经被我翻阅得脱胶了。

我的管理理念是科学管理：制定许多细则，有程序有计划地实施。具体而言，不仅要有方案制度，而且还要有如何做的具体办法。分为第一步，第二步……实施程序化管理。如一天里某个时间具体做什么，都有规定。如此一来，学校秩序从无序逐渐向有序转变。在这过程中，我每天派一个人蹲点，写调查报告。

对于关心学校发展的家长而言，他会以自己的思维、理念来看学校管理。比如校园秩序问题，学生在校园乱跑乱跳，进行整顿后，学生们排队出入学校、排队如厕。对于这种情况，有的家长会说，学校像个"集中营"，上个厕所都要排队。而我采取的措施是，利用家委会、家长会的契机，让老师向他们解释。一是从学生安全角度出发，校园人多，容易发生危险；二是从世界格局出发，强调世界公民的基本素质之一是学会排队，这也是文明的体现。最终使家校观念一致，共同促进学生发展。

棠澍小学在发展中最重要的一个问题是如何办出学校特色，这个问题我从担任校长后一直在思考，历经十年时间，终于从实践中形成了棠澍小学的特色。在我看来，特色办学不是简单地花钱搞形式、牵强附会地披上华丽的外衣，而是从学校本身出发逐步提炼出来的。学校特色必须体现在这所学校中的每个人身上。看着其他学校都在申报特色学校，有人劝我："作为广州市的知名小学，为什么不跟着潮流，请专家们拟定一个特色呢？"然而，我坚持自己的观点，在没有形成一个完整的、贴切的学校特色之前，不会申报特色的。经过几番思考，与专家相互交流，最后将棠澍小学的发展特色定位为"启甘棠之新知，澍人才之德行"。

立德树人是棠澍小学发展的核心理念，是学校特色的一个侧面。在主抓成绩的价值取向之下，道德养成与成绩提升并不存在矛盾，相反，良好的道德习惯有助于学习成绩的提升，如及时复习、集中注意力等好的学习习惯的养成。在学校德育建设方面，我也特别重视教师德育能力的提高。为了宣传德育理念、提高教师德育能力，我在学校主动举办讲堂，宣讲棠澍小学的办学理念。同时，将小学生行为守则制成视频，让学生们结合文本与视频学习。在德育教材的开发上，以徐亨先生的人生经历和精神品格为内容，专门安排课时，成立编写小组。学校老师积极配合、主动参与，在一个月的时间内就完成了教材的初稿内容。随后编辑出版了小学品德教育校本教材《不老的勇士——徐亨先生》。

成长感悟：台前与幕后，在成长中永葆初心

在一次教职工活动上，刚入职的青年教师和刚转入行政岗位的同事问我："杨校长，您从教学一线逐渐转入管理岗位，在这两方面一定有很多值得学习的地方，现在我们遇到的问题主要存在于教学效能与管理协调方面，您能提供一些建议吗？"

出于个人经历，我很理解他们的心情和焦虑。我没有像"过来人"那样，大谈特谈我的人生经验，而是劝诫他们："你们不用着急，无论当前的困难多么大，都不要灰心丧气。只要我们葆有一颗热爱教育的赤诚之心，一切从学生的角度出发，一定可以找到解决的办法！"

活动结束后，我细细回想这段时光，感受自己在台前幕后的转换中收获的与坚持的东西。是坚定的信仰和脚踏实地的努力，支撑着我走到现在，并取得这些成就。从培新中学的普通老师成长为七小的副校长，从棠澍小学的"菜鸟"校长到国务院津贴获得者，以及当前接过骏威小学的新担子，鼓起勇气开始新的尝试，在这一过程中，每当遇到困难时，我都会告诉自己：坚持自己的教育信念，踏实走好每一步。

其实，在我心里，教育情怀也好，教育信条也罢，表现的都是对学生的关爱、对人的尊重。在教学一线，为了让学生轻松地掌握知识，有兴致地享受课堂生活，我选择了故事教学。在管理工作上，为了营造轻松舒适的校园环境、班级风貌，养成学生的道德感、责任意识，我坚持立德树人的理念。

感谢在台前幕后与我一同奋战的同事和前辈，我的成长与你们的协助与帮扶密切相关。

结　语

今日之我，不是一蹴而就的。我经历着家庭生活、求学生活与职业生活，深切地感受着、享受着、体会着生活与成长的互动。教育的真谛是促使每个人成为更好的自己，因而家庭教育、学校教育与社会教育的联合驱动，不断激励着我、改变着我，使我朝着更优秀的方向发展。

家庭对我来说，不只是一个物理区域，而是融会了时间、色调、温度与味道的地方。家庭有时间，从外祖父与外婆的年代，到父亲与母亲的时代，再到我与玩伴们的时光；家庭有色调，满满的军绿色上点缀着一星星粉红色；家庭有温度，像是父亲的怀抱和手心的暖意；家庭还有味道，如同老马身上的泥土味、田地里的甘蔗味。总之，家庭就像一张张画纸，在我记忆深处铺展开来，层层叠叠地构成了我生命的底色，而那底色的主色调是交织在一起的"红与黄"。

学校是扩大的家庭，聚集了许多良师益友。与他们相遇，在他们的鼓励和影响下，我的求学生活变得缤纷多彩。良师如一盏盏明灯，照亮的不只是知识的盲区，更是生活的方向。陶校长、林老师、何老师……他们教给我学习的方法和生活的经验，这些方法现在已然成为我生命的一部分了。益友如坐标，使我在人生路上不断认识自己，他们执着、坚强、乐观的精神感染了我。学校生活如同一台推动器，在我成长的过程中增添了不竭的动力之源。

步入职场，化身为一名新手教师，我努力地克服教学困难、适应角色转换，逐渐成长为级长、副主任、副校长以至校长。在经历了家庭生活、求学生活的积淀与养成之后，生命的价值终于得以在职业生活中实现。我的教育理念、办学理念与我的成长密切相关，并依靠七小、棠澍小学等学校逐一实现。

第二篇

问生：让学生成为
自己

时光荏苒，踩着时间的步伐年复一年地与学生相遇、分别。每当此刻，我所期待的、感受的、积淀的、选择的无不是让学生成为更好的自己。头顶的光环笼罩，大家的赞誉声此起彼伏，大家纷纷说我成就了学生，我却不以为然，恰恰相反，是学生成就了今天的我，通过对学生的追问而愈发澄明，我越来越接近教育的本真。

　　学生要成为怎样的自己？教育要培养什么样的学生？最初的我仿佛问道于盲，百思不得其解。当我看到自己培养的学生社会责任感缺失、缺少个性张力，甚至连最基本的规则也不会遵守，那一刻，犹如一道霹雳狠狠将我击醒。多少个深夜，我难以入眠，任由思想四处漫游。我从没有停止追问：教育要培养何种人？

　　与徐亨先生的相遇，是上天送给我最好的礼物。他将"卓越"二字演绎得淋漓尽致，他是那样富有家国情怀与社会责任感的传奇人物。在徐亨精神的浸润中，我明白，教育要让学生成为卓越之人，不忘奉献社会、感恩国家之人。然而这并没有成为我探寻教育本真的终点，也不是让我寄居其中的象牙塔，我依然带着初心继续前行。在睡前的读书时光里，我邂逅了加德纳的多元智能理论，看到孩子们释放的多彩个性，为学生的个性发展创造多彩空间。在德育课堂上，我意识到道德与生活的联系，让规则转化为学生的行为习惯。同行路上，每一位挚友、老师、学生都给我的思想以莫大启发，甚至连路边不起眼的小草、石块都见证了我思想的蜕变过程。我相信人生没有歧路，只有砥砺前行，方能抵达梦想的彼岸。

第四章 有根才有魂

家国情怀，我无时无刻不寻其影踪。

——杨秀红

一个平常的下午，三年级一班出奇地安静，只能听见笔在纸上沙沙作响，同学们无一例外地俯着身写东西。一向活跃的三年级一班是怎么了？原来他们正在捐给贫困地区孩子的书上写寄语。"虽然我们相距很远，也不认识对方，但是我把我最喜欢的《一千零一夜》送给你，我们一起读书。"豆豆眉头紧皱，一笔一画地写着，恨不得把所有的知心话都倾吐到纸上，平日活蹦乱跳、难有安静之时的他竟如此用心。我看到还有同学把带来的书包装上彩色的纸，系上美丽的红色丝带，做成礼物的样子。红色丝带在阳光下美丽地伸展着，发着微润的光泽，让人们看到了希望。捐书仪式正式开始了，大家排着队，轻柔地、小心翼翼地把书放到讲台上排列好。这是一场爱的传递，每个人都贡献出自己的一份力量。

这是棠澍小学举办的"为贫困地区儿童捐书"活动，眼前发生的一幕让人感动。学生们小小年纪，却有对国家和社会的责任感，这让我感到十分欣慰。

但是学校创办之初，对于要培养什么样的人，我也曾彷徨过。

精致利己主义的教育追问

学校是培养人的地方。要办好学校，首先就要回答培养什么人的问题。

45

在深秋的午夜，万籁俱寂，我细细品读着钱理群先生的大作："他们具有很高的智商、很高的教养，所做的一切都合理合法无可挑剔，他们惊人地世故、老到、老成，故意做出忠诚姿态，很懂得配合、表演，很懂得利用体制的力量来达成自己的目的。"我不禁心有感触，这不正是我们耗尽心思培养出的学生吗？我常常自问，为什么我们的教育一直在宣称要培养"高素质"人才，社会上却依然大量存在插队、闯红灯、在公共场所大声喧哗、随地吐痰的现象？为什么学生变成了精致的利己主义者，只做对自己有利的事情？为什么孩子们变得越来越自私？当个人利益与集体利益发生冲突时，他们为什么总是选择个人利益而无视集体利益，永远将自身目的的达成作为一切行为的终极追求？

漫步校园，我发现学生之间的攀比现象比比皆是。

"你这个铅笔盒是在哪里买的？好漂亮，回去也让爸爸给我买一个。"

"这个铅笔盒是进口的，国内买不到的，可贵了。"

"你这双鞋是限量款吧！太酷了，我也好想有一双呢！"

除了攀比，不尊重老师、破坏学校公共秩序或公共财物的事件也时有发生，甚至有一些成绩名列前茅的学生说："反正学校又不是我的家，教室的桌子坏了、墙壁脏了，和我又有什么关系呢？"听了这话，我不禁愕然，心里暗暗着急。

一个偶然的契机，《中小学德育》的徐副主编来校指导，我把心里的疑惑说给他听，他的一席话给了我莫大的启发："教育没有给学生们的发展建立基点、没有带领他们往正确的方向前进是根本的原因。教育一旦带领学生跑错方向，培养出的就不会是为社会做奉献的人，而是背离社会的人。"我听后如沐春风，返校的路上陷入沉思。以前的我总是想着要教给学生知识技能，让他们成为有知识的人，殊不知这犯了多大的错误呀！背离社会的人拥有的知识技能越多，对社会的危害也就越大。当然，我不能要求学生们完全毫不利己，专门利人。扪心自问，这样的要求就算我自己也不能完全做到。人都有自私的一面，这是人性中不可回避的部分，虽然不能完全消除，却可以通过教育培养学生无私利他的奉献精神，克服天性中的自私，培养对社会有价值的人。

在校长研讨会上，我遇到老朋友王校长，一见面就热情地聊个不停，彼此分享自己的所思所感。我拉着她的手问道："王校长，最近忙不忙？忙些什么？要不是这次研讨会，还不知道什么时候能见到您呢！"王校长精疲力竭地说："忙得晕头转向，学生的成绩要提上去，升学率还要抓，上级的各项任务还要按时完成，简直没有喘息的空间啦！上级推着校长，校长推着老师，老师再推着学生，最终苦的还是学生呀。"

我接着说道："作为一名校长，难道仅仅完成上级分派下来的任务就足够了吗？难道仅仅让孩子们顺利毕业，升上满意的中学吗？"我看到王校长迟疑了一下，接着陷入沉思，我想我的话应该触动了她的心。

我曾经读过一则故事，至今想来依然触动我心。一位纳粹集中营的幸存者当上了美国一所中学的校长，每当一位新教师来到学校，他就会交给那位教师一封信，信中写道："亲爱的老师，我亲眼看到人类不应该见到的情景：毒气室由学有专长的工程师建造，儿童被学识渊博的医生毒死，幼儿被训练有素的护士杀害。看到这一切，我怀疑：教育究竟是为了什么？我的要求是：请你帮助学生成长为有人性的人。只有在我们的孩子成长为有人性的人的情况下，读写算的能力才有价值。"

自幼在军营中成长的我，对集体主义、利他精神、家国情怀有着很深的感受和认同。作为一名校长，我对教师的要求是："帮助学生培养成具有家国情怀，有人性、理性、责任、担当之人。"我们培养的人大约分为三种：一种是放羊娃，放羊、卖钱、结婚、生娃、放羊，这样的孩子难成大器；另一种是合格的人，不做危害社会公共秩序的事，在自己的岗位上兢兢业业、发光发热，此为小我的人，也是目前大多数学校所培养的人；而我的理念是教育应培养高境界的人，即有担当和责任感的大气之人。

家国情怀的校本溯源

生命是要有根的，没有根脉，犹如漂浮在水上的浮萍，游荡无依，且经不起任何风雨。学生生命的根在哪里？恐怕得去国家、社会中寻找。自棠澍小学创办以来，棠澍人一直没有停止寻根的过程，寻根塑魂的过程并不是短时间就可以完成的，而要经过漫长的积淀。正是在长期的寻找和探索中，棠澍的学生才深深地将生命的根扎在了国家和社会的丰厚土壤中。

一直以来，我都在寻找、追问自己：连接棠澍小学古往今来的东西是什么？能够让棠澍小学在浮躁社会中安定下来的东西是什么？我想这种东西一定是一种力量、一种文化、一种精神，能带给我们心灵的支撑与慰藉。

我苦苦思索，在多少个夜里辗转反侧，某一个契机，我顿悟了：徐亨精神不就是棠澍小学的精神文化之根嘛！徐亨精神告诉我们，只有自身成为卓越之人，才能为国家、社会承担起责任。棠澍小学就是要培养卓越的人才，培养具有家国情怀的格局大气之人，培养有人性、理性、责任、担当之人。

谈到棠澍的历史，必然离不开三个人——徐甘棠、徐甘澍和徐亨。这个有些久远的故事，还得从 1932 年慢慢说起。那年，时任广州市教育局局长徐甘棠先生与名医徐甘澍先生兄弟俩在花都区赤坭镇兴办义学，并以两人名字命名为棠澍小学。

"棠"取自徐甘棠之名，"甘棠"的语义非常深刻，《诗经·召南·甘棠》篇有云："蔽芾甘棠，勿翦勿伐，召伯所茇。"意思是说：甘棠树啊高又大，不能砍啊不能伐，因为召公曾休息在这棵大树下。后世就用"甘棠"来指代前人的政绩与遗爱及后人的感恩之心。引申开来说，"棠"就是培养目标，培养有感恩之心的对社会有责任感、有贡献的人。"澍"取自徐甘澍之名，在字典里是"及时雨"的意思，意味着我们培养的人能急国家所急，能满足社会的需要。这启迪我们要及时用适合学生的方式让孩子们成才，正所谓"棠开飘香，澍育英才"。

这是一段厚重的历史，这是一所来之不易的小学，它是众人托举起来的希望之光，在历史风雨的洗礼中坚定地走到今天，并越来越散发出独有的光芒与魅力。

徐亨先生是徐甘棠的第三个孩子，后定居台北。多年来，他在无数个夜里辗转难眠，年纪越大，心里就越惦念远方那片熟悉而魂牵梦萦的热土——小时嬉戏的伙伴、弄得满脸都是的泥巴、雨后夹杂着淡淡青草香的土地、爸爸等候自己回家的小巷口……随着日子的推移，一切都越来越清晰。

2001 年春天，徐亨先生终于圆了梦，他与棠澍小学重聚了。

当时，徐亨先生应邀来广州参加九运会开幕式。此行，他还要了却一直以来的心愿：回荷塘村看看。他期待着，梦里总是出现的故土还好吗？如今会是一番怎样的景象呢？车子一路颠簸，开进了荷塘村。徐亨先生的表情平静，却无法隐藏他的期盼，像个小孩子般东张西望，想把所有景色都尽收眼底。那不是河江岭吗？巴江河畔的明珠，清澈的巴江河水缓缓从北方向东南方迂回曲折地流去，形成一个玉带环腰、拥抱村庄的有情水。傍晚后，路灯散发着淡淡的黄光，村子温柔而宁静，村民满载而归。河江岭顶上的棠澍小学里，老师正在备课，学校的灯光映衬着，显得格外静谧，呈现出一派宁静的荷塘月色。

远远看着棠澍小学，它已有些破旧，还带有些许的萧条。村民的生活逐渐富裕起来，大家都迁往城区，而棠澍小学位置偏僻，发展受到很大制约。徐亨先生若有所思，他什么也没说，这一刻，只是与棠澍小学深情地对望。

2003 年，是棠澍小学破茧成蝶重获新生的一年。徐亨先生为花都献上了一份厚礼——捐资重建棠澍小学。当他得知棠澍小学因儿童过少而被划入撤并学校之列时，心中隐隐作痛：棠澍小学并不是一所普通的小学，她是先祖为国为民的见证，是荷塘村的希望之光。经过深思熟虑，他决定捐资两百万元，用于棠澍小学重建。

现在的棠澍小学就是我此刻站立的地方，它明亮、庄严、肃穆，散发着现代化气息。故事讲到此，我想这场穿梭 80 多年的使命传承足以打动任何人。作为棠澍小学的校长，我在无比荣幸并心怀感恩的同时，又深感责任重大。

我们确定棠澍精神为"感恩、卓越、奉献"。为什么将"卓越"确定为棠澍精神呢？因为在我看来，想要为社会作出贡献，首先自身要是个卓越的人，如果都自顾不暇了，又怎么能为社会作出贡献呢？棠澍兄弟和徐亨先生都是全面发展且自身卓越之人。徐甘棠是广东知名藏书家，他博览群书、学养深厚，曾担任广州市教育局局长、国立中山大学教务主任、广州市政府秘书长、广东通志馆馆长等职位。徐甘澍是习医之人，他从美国引进了中国第一台 X 光机，视野开阔，并心系家乡孩子的教育问题。而到徐亨，更是将"卓越"二字发挥得淋漓尽致：体坛宿将、政界名流、军界精英、商界豪杰、学界翘楚。从运动员出身到成为海军军官，徐亨走上了一条成功的人生之路。他时刻关注祖国大陆，为援助大陆同胞倾注了很多心血，通过两岸红十字会之间的交往，两岸的政治沟通开始密切。直至暮年，他还以个人在国际体育界的影响力为北京申奥、广州申亚奔波。棠澍兄弟与徐亨先生不只是自身卓越之人，在自身卓越外不忘还奉献社会、感恩国家。

"棠开飘香，澍育英才"，我多么希望自己培养出的学生也像棠澍小学三位创始人一样具有责任心、感恩精神、家国情怀。他们的血脉中涌动着社会责任感，正如"棠澍"二字所传递的理念。

让徐亨精神浸润生命成长

如何才能让徐亨精神走进学生们心中？这个困惑一直伴随着我。

在课堂上，我问大家："同学们，你们知道徐亨先生吗？"

"知道。"学生们大声回应。

"知道什么？"我继续追问。

"给我们建了大房子。""还给我们捐款。""我还见过徐亨先生呢！"同学们纷纷说道。

"那你们了解徐亨先生吗？徐亨先生的事迹你们能说出多少来？"

下面鸦雀无声。

回到办公室，我陷入沉思。徐亨精神的培养仅仅停留在口头上是不够的，说徐亨先生很卓越、具有高尚情怀，但是学生没有亲身感受，这个榜样的力量就会大打折扣。思来想去，其实最简单的方式就是让所有的孩子真正了解徐亨先生，了解发生在徐亨先生身上的有重大意义的事件，体悟他的精神，知道他为棠澍小学的奉献，这样才会发自内心地尊重他、拥戴他，以他为榜样。不同于历史人物，徐亨是现实的人，又是学校创办人，能够与孩子们面对面交流，现实的榜样带给人的力量不是更大吗？

过了一学期，眼前又是一幅完全不同的场景。

"杨校长，我什么时候可以见到徐亨爷爷呀？"

"我也想做徐亨爷爷这样的人。"

"没事，怕什么，我们有徐亨爷爷。"

我在心里窃喜，通过一学期的《不老的勇士——徐亨》教学，徐亨爷爷终于走进学生的心里了。开设课程初期，学生对徐亨先生的了解也许仅仅是有些耳闻罢了。随着课程的推进，孩子们逐渐了解并爱上这个为棠澍小学作出巨大贡献的人，并亲切地称他为徐亨爷爷。他们之所以能坐在窗明几净的教室、在绿草如茵的操场活动，都是出自徐亨爷爷的捐助。课下，学生们展开徐亨爷爷的故事收集活动，分享关于徐亨爷爷的小故事，令他们备受鼓舞。总有学生对我说，他们心目中的徐亨爷爷是力量、勇敢、卓越、大气的象征。就这样，在一点一滴的浸润中，徐亨逐渐化为了学生的精神支柱。

图 4-1　徐亨先生和孩子们

新学期开始了，鸟儿四处欢鸣，花儿开始绽放，风儿四处游荡。新的学期，新的气象，我感觉整个人都精神抖擞，浑身充满干劲。在开学大会上，师生们齐聚一堂，大家经过一个假期的休整，个个神采奕奕，积蓄着满满的能量。

"我整个假期都在酝酿一个新活动，迫不及待地想与大家分享。"我神秘地说。

台下此时一阵躁动，大家纷纷猜测，我会带来什么好的想法呢？

"这个活动就是评比'徐亨式少年''徐亨式班级'，所以从今天开始，大家谨言慎行，努力成为徐亨爷爷这样的人吧！"

活动中，还真有不少有趣的事情发生呢！

这不，活动开展还没几天，三年级二班的班主任就过来找我诉苦："杨校长，我看我们班就直接放弃好了，我是一点办法都没有了，有小霖在我们班，怎么争取'徐亨式班级'呀！嘴皮子都磨破了，还是没有效果。您帮我出出主意呗！"

经过详细了解，我得知三年级二班的小霖同学总是迟到，大多数时候都是踏着上课铃声飞奔进教室。经班主任了解才知道，原来小霖是出了名的慢性子，凡事不急不躁，每次都在家长的催促下起床、刷牙、吃饭。这可把班主任和同学们急坏了，这样下来，距离"徐亨式班级"岂不是越来越远了？班主任一筹莫展，才过来找我诉苦。

"不用担心，你劝不动，我来！"我自信满满地说道，心里已经有把握帮助小霖改正这个坏习惯了。我来到三年级二班，只听得调皮捣蛋的孩子大喊一声："杨校长来了。"孩子们纷纷奇怪起来，"杨校长来了，肯定有大事发生。"

"小霖，请到讲台前面来。"我微笑地看着小霖，摆手示意他过来。

小霖的朋友在旁边做出惊恐状，悄悄地扯着他的衣袖说："完蛋了，肯定是杨校长知道你的表现，过来教训你了。"此时教室异常安静，可以听见风撩动窗帘的声音。

"好，接下来，你就是'徐亨式班级'评比活动的负责人。成了负责人，就意味着你要尽力争取所在的班级获得最后的荣誉。在担任负责人的过程中，任何其他学生违反班级规则、拖班级后腿，你都有义务和权力指出，并帮助他改正行为。"我和善地注视着他，淡淡地微笑。

小霖站在我身边，好似丈二和尚摸不着头脑，"杨校长，你可能不知道我吧，我……我……"班里其他孩子也哈哈大笑："他管别人？哈哈哈，杨校长，你有没有弄清楚状况呀！"

我无比信任地对小霖说："既然交给你这个重任，就不要让我失望呀！"他若有所思地点点头。

我组织几名距离小霖家比较近的同学，轮流在家门口等待小霖一起上学，并给小霖安排了助手。

一切都在我的计划中。我对班主任说："一个月以后看效果吧！"

"杨校长，小霖现在不仅不迟到了，反而成为一名有力的管理者，现在班级在小霖的管理下井然有序，真是太神奇了。"

后来，不出意料，三年级二班评比上了"徐亨式班级"。更令人欣喜的是，小霖竟然评上了"徐亨式少年"，赖床的习惯也改掉了。小霖爸爸说，孩子每天早晨按时起床，口中嘟囔着："徐亨爷爷肯定不赖床，我怎么能赖床呢？"他还变得更加有责任感，"我从来没有觉得自己离徐亨爷爷这么近，我感受到了自己身上的责任，只想把自己全部力量发挥出来。"

以这种方式，徐亨精神从冰冷的书本上走到鲜活的现实生活中来。每当有学生违反课堂纪律、不认真学习、调皮捣蛋时，我就会说："你对得起徐亨爷爷吗？你对得起徐亨爷爷为我们创造的温馨舒适的学习环境吗？"学生就会惭愧地认识到错误并改正。

有了徐亨先生这一宝贵的教育资源，家国情怀培养的教育成效卓著。通过构建以《不老的勇士——徐亨》为核心的榜样课程体系，让责任担当教育落到了实处。

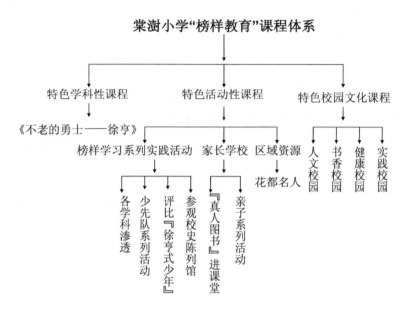

棠澍小学"榜样教育"课程体系

图 4-2　棠澍小学"榜样教育"课程体系

童梦、红梦、中国梦

悄悄是别离的笙箫。2017 年，我突然得知要从棠澍小学调往骏威小学任职，心里有万般不舍，离愁别绪涌荡在心中。前路漫漫，我别无选择，只能勇敢前行。上级领导赋予我的任务、责任，我义不容辞。

我接触到了骏威小学的前任校长杨婉敏，她正如她的名字一样，是一位知性、温柔且内心坚毅无比的人物。在与她畅聊的过程中，我了解了她的"童梦教育"思想，以保护孩子的童心为前提，为孩子的童年保留一份纯真与温暖。她恳切地对我说道："杨校长，一直以来，孩子们都不喜欢学校，更不喜欢学习。我一直在想为什么？原因很简单，学生们认为学习是痛苦的，他们喜欢轻松、快乐的东西，他们小小的内心都怀揣简单的梦想，童年正是多梦的年纪。"简单的一席话，我已经被打动，她是一个有梦之人。

当我以骏威小学校长的身份站在这个充满历史文化印记的校园里，凝视着教学楼上镶嵌的"广州起义红军小学"几个大字，内心沉重，久久不能平静。2013年，骏威小学被命名为广州起义红军小学，充分体现了党中央、老一辈革命家及其亲属、红军后代对革命老区人民的关怀。调往骏威小学任校长一职也许是天意，冥冥之中难以割舍的缘分接续。处于和平而美好的时代，小时候的军中生活早已在我心头烙下印记，伴随着时间的洗礼而愈发鲜活，军人的规矩、父亲的严格要求烙在了我的语言、思想与行动中。

在这个充满红色气息的校园里，我仿佛回到小时候，听到红军烈士们在战场上的咆哮嘶吼之声，看到他们在沙场上英勇杀敌、毫不畏惧的身影，这更加坚定了我的教育理念：培养具有家国情怀、有责任和担当的大气之人。霎时间，潜藏在我内心多年的红色基因全部涌现出来，我要在骏威大展拳脚。

红梦是童梦的延续与发展。

在我看来，红军精神代表着一往无前的精神、坚定信念、家国情怀、乐观精神、吃苦精神等，这些精神在我们当代生活中都是异常宝贵的。红军精神就像灯塔般为我指明前进的方向，在我孤立无援、迷茫徘徊的时刻，红军精神鼓舞着我，给我坚定的信念；在我面对未知前景、心中惴惴不安的时候，红军精神激励着我，给我前进的勇气；在我受到他人质疑、心中难以排解的时候，红军精神支撑着我，给我乐观的心态。可以说，我之所以从一名普通教师成为今天的校长，正是从小受到红军精神的影响，红军精神在我心中扎根、发芽。我多么希望我的学生们也能够以红军精神作为精神支柱，并从中获益。

在别人狠抓成绩、升学的时候，我选择重点抓学生们的红色精神。现如今在以升学率衡量学校、教师成绩的功利评价体系之中，需要顶住多大的压力可想而知。但是有人说，在我的理念下培养出的孩子后劲十足。听到这句话，我备感欣慰。教育具有延时性，"十年树木，百年育人"，我并不求当前就能收获立竿见影的效益，只希望学生在成才的过程中扎稳根基，成长为对国家有用的栋梁之材。

我问自己，要以何种形式让学生继承红色精神并开展家国情怀教育呢？如何使其有实效而不流于形式主义呢？如何将红色精神转化为现代精神？这三个问题困扰着我，也困扰着广大教师。区教师进修学校的康幼平校长点拨我说："问题的解决不能单单问我、问教师，答案要在学生身上寻找。"我有些迷糊："在学生身上能找到什么呢？"很长一段时间，我不明白康校长说的话。直到有一天，我偶然听到学生们说："我觉得我们开展的活动一点意思也没有，我想参加的活动，一个都没有。"听到这句话，我豁然开朗，我们总是以成人思维将自认为满意的东西传递给学生，并没有低下身来问一问学生自己想接受什么样的教育。家国情怀教育为何这样低效也就可想而知了。

"红星闪闪放光彩，红星灿灿暖胸怀，红星是咱工农的心，党的光辉照万代……"悠扬的歌声突然传遍校园的各个角落。"一二一，一二一，立正。"一眨眼的时间，孩子们整齐的队伍占满整个操场，阳光下孩子们精神抖擞。原来是咱们的课间操活动开始了。我站在一旁，静静地观看，一股欣慰之情涌上心头——这不就是我们现代的小红军吗？你看他们站得笔直、队伍整齐有序，完美地将红军形象与运动体操融为一体，秩序与活力的融合，散发着爱国的热情和勇于担当的使命感。

用革命歌曲做课间操的背景音乐，是一个偶然机会想到的。一天中午，我无意间听到一首欢快的革命歌曲，心情顿时激动振奋起来。我突然意识到原来革命歌曲能够感染人的心灵，令人积极向上、激发人的斗志。我暗自思索：红军小学怎么能没有红歌呢？要是将课间操背景音乐换成革命歌曲会怎样呢？革命歌曲能不能与体操完美地结合起来呢？

带着这些疑问，我一到学校，就立即召集音乐教师、体育教师及部分管理者商量此事。没想到大家纷纷拍手叫好，赞成此事。接下来进入辛苦的红歌选择、歌曲改编、动作排练期。除了教学与工作事务的处理，我基本都是在操场上度过的。烈日炎炎，广州的太阳高挂在天空，仿佛能把人一口吞噬。我疲惫不堪，唯一让我坚持下来的就是孩子们的热情认真、教师的坚持负责。我问大家："累吗？"他们自豪地说："累，但是快乐又期待着，我们马上就要有自己的课间操了。"经过半学期的筹备，红歌版课间操成型了，红歌飘扬的红军小学更加庄严，更加震撼人心，成为骏威小学的一大特色。

听听革命歌曲、张贴红军海报，就能培养学生的红色精神了？难道墙上贴着董存瑞和刘胡兰等革命先烈的照片就能使他们完全认识到红色精神的可贵吗？答案是否定的，我决定另外开辟路径，用更有效的方式培养红色精神。

我充分利用开学典礼、毕业典礼等仪式活动对学生进行家国情怀教育。毕业典礼意味着学生某一阶段的学习生涯告一段落，是重要的仪式形式。典礼上可以没有光鲜亮丽的大会堂，可以没有通向远方的红毯，但是必须有象征学校与学子们外在形象的雄浑有力的校歌，有热情洋溢地表达对青春和梦想意义追寻的毕业歌，有见证学校蹒跚历史步伐的校史歌。这场仪式能够为学生提供力量，并赋予学生新的责任和使命，继续向前行进。

我喜欢阅读，喜欢充实自己的思想，在书籍的海洋中我汲取着思想的养分。在某一次阅读中，我了解了陶行知先生的"活教育"思想。"活教育"，多么有趣生动的提法，瞬间引起了我的好奇心，怎么才能把红色精神做活呢？家国情怀、责任担当怎么才能活生生地体现在学生身上

图 4-3　骏威小学毕业典礼

呢？我最讨厌一潭死水般的教育方式，学生要想具有民族意识、家国情怀，一定要去社会这个大环境中接受教育。要让学生们走出知识的限制，回归自然去发现创造，这样学生才不至于变呆子。

办公桌上，一杯清茶清香扑鼻、热气袅袅，一时间，我的心绪仿佛这杯茶般清远平静，思绪缓慢打开。民间总是流传着"书呆子"这样的称呼，难道是读书将孩子们变傻变呆了吗？我认为肯定不是，是只知道读书而与社会脱节的教学方式将孩子们变傻变呆了。我们帮助学生选择一切，替代他们去经历、磨炼、成长，他们的责任意识、担当意识、行动意识难道不会退化吗？他们只能呆呆等待着吃"嗟来之食"，大人给他们什么，他们就接受什么，这与呆子又有什么区别呢？国家社会不需要书呆子，需要的是与社会紧密相连的人。我意识到，对于学生爱国主义情感、家国情怀、责任担当意识等方面的教育，要想不沦为一种形式、一句空话，就要从整体社会生活出发去做、感悟和实践。

家国情怀的培养必须走出校园，让学生在真正的实践和体验中获得感悟、得到成长。然而现实问题困扰着我，走出学校就伴随着巨大的安全隐患，就要面临家长的质疑："不好好给孩子们上课，瞎折腾什么？""路上这么乱，出事怎么办？"我一度陷入自我质疑中，是不是就应该在校内搞一搞算了？

　　沿着校园蜿蜒的小路前行，周围郁郁葱葱，每一棵小草、大树都在阳光的浸润下茁壮成长。如果我是一棵小草、小树，我也希望与大自然相依相伴吧？如果成为温室的花朵，剥夺我面对风雨的机会，我会多么沮丧呀！我亦如此，孩子们又怎么不渴望外面的世界呢？学生的根在社会呀！不走出学校、迈向社会，学生们怎么能寻到根呢？怎么能变成一个合格的社会人呢？我相信孩子们已经具备基本的自我保护能力，这个校门，我出定了！做了决定，我仿佛卸下心头的重担，此刻的风是轻柔的，前路是充满希望的。

　　果不其然，我满载而归，果实丰硕。人生或许还是对我眷顾，总能让我在迷茫的三岔口做出正确的抉择。走出校门才知道，还是社会这个大课堂的教学资源取之不尽、用之不竭呀！

　　四月乍来，花朵竞相开放，花香浓郁，沁人心脾，心情都格外明媚。今天花都区红色革命纪念馆异常热闹，怎么回事呢？原来是咱们学校的"小小志愿者"上岗了。他们穿上整洁的校服，自然地拿着话筒，像小大人似的正给大家介绍党史知识。

　　不少人感到诧异，小学生还能当纪念馆的讲解员吗？他们不在学校读书，跑到这里来干吗？他们能做好吗？当来来往往、络绎不绝的游客看了他们的表现，就立刻将这种疑虑打消了。小志愿者们兴致勃勃、无所畏惧、聚精会神、大方得体地按照流程讲述，历史知识、红色精神、革命故事在他们口中娓娓道来，竟变得如此生动有趣。游客们听了一遍又一遍，依然不肯离开，我也紧跟其后，听得津津有味。

　　休息期间，我走上前给小倩递了一瓶水，问道："小倩，讲了这么久，不累吗？"她扬了一下嘴角，骄傲地说道："杨校长，我不累，这有什么呢？我还能继续讲两个小时。"我心头一股暖流涌动，接着询问了其他学生，他们认真负责、不畏辛苦、敬业乐业的态度深深打动着我。小倩的妈妈激动地朝我走过来："杨校长，我们家小倩真是变化太大了。""怎么变化了？"我好奇地问道。"她以前不喜欢看书，现在天天缠着我买革命书籍、查找红色资料。每天津津有味看得很晚，直到在我们的催促下才去睡觉，她说不能让杨校长失望，不能让听她讲解的游客失望。现在的小倩好学乐学，比之前更加懂事了，杨校长，这样的活动你一定多多组织呀！"一时间，我竟然激动得说不出话来，顷刻间压力转化为动力，鼓舞着我。还有什么能比家长的评价更真实地反映活动的效果呢？孩子的进步、成长能够击退一切质疑。

打开日记本，我写下："今天我找到一种方式，学生们愿意自己去主动学习红色精神，再也不是味同嚼蜡般的、与实践脱节的学习方式了。"

诸如此类的活动举办了一次又一次，学生们的参与热情高涨，我更加信心满满。不仅没有任何安全事故出现，反而赢得了学生和家长的诸多好评。事实上，无用的担心阻断了多少学生自我成长的机会？我读过一篇学生作文，深深触动着我："我就像一棵充满活力的小树，能够自己汲取阳光、养分，焕发生命的活力。爸爸、妈妈、老师都低估了我自己成长的能力，把我关在温室里，不和外界接触。这样的小树，遇到暴风雨就倒了，这样的我，还能面对什么困难呢？"这更加坚定了我的理念，让孩子们自己去成长。

"能说不如能行"，这是父亲常教育我的话，至今仍不敢忘却。在德育课上，我给他们讲铁人王进喜的故事、雷锋叔叔无私奉献的精神，他们听得津津有味。我问他们："你们想不想成为今天的王进喜、雷锋叔叔呢？"他们异口同声地说："想！"孩子们想，我就要给他们提供充足的机会锻炼。

于是，学雷锋、社会志愿者服务行动、为贫困山区学生捐书等活动如火如荼地开展起来了。在一次"学习雷锋、致敬老人"的活动中，学生们听老人们讲过去的故事，陪老人下棋，表演节目，帮忙打扫卫生，为空巢老人送去温暖。明明说："原来服务他人，为他人、社会带来便利、作出贡献是一件这么快乐的事情，我希望以后还能多一些这样的活动。"

古人云："位卑未敢忘忧国"，"天下兴亡，匹夫有责"。我们培养的学生必须是有家国情怀、责任担当意识、创新意识的大气之人。作为一校之长，我愿意接下重担，帮助学生寻根塑魂。学生的根立于国家民族的历史发展之中，孕育在强烈的国家民族意识和家国情怀里，滋养在丰富的民族文化认同与自豪感中，有根才有魂。

第五章 每个人都不一样

个性就像砂砾中的珍珠，闪耀着独特的光芒。

——杨秀红

那是我第一次上台表演，我紧张得坐立不安。马上轮到我上台了，耀眼的聚光灯直射下来，就像一双犀利的眼睛，让我浑身不自在。我看到台下那么多小伙伴注视着我们，那一刹那，我仿佛处在一个密闭的空间里，空气停滞，我僵硬地呆在那里。突然我听到小华吹奏的悠扬的笛声响起，其他同学身体舒展地伴着笛声，像精灵般舞动，每个动作都是那么优美、自信。我瞬间鼓起勇气，一上台，我听到音乐如潺潺的流水，同学们像一朵朵向阳而生的花朵般放飞自己的个性，我也被感染，投入自己的舞蹈中。

这是 2016 年"棠开飘香、梦想起航——元旦文艺汇报"演出后，四年级的张丹丹写的作文中的精彩片段。其中描写了学生们从羞涩到自信、从封闭到绽放的蜕变，诠释着一场自在生动的个性徜徉，也映射了我苦苦追寻学生个性的旅程。

除了考试，我还能给你什么？

放学后，看着孩子们被书包压弯的肩膀和小小鼻梁上顶着的大大眼镜，我思绪万千。现有的人才培养制度体系中，考试依然是学校选拔人才的主要方式。学生、教师、家长天天焦头烂额地应对考试，我不喜欢也不认同这样的现状，但是凭我一人之力也难以改变。办公桌上工整地摆放着考试大纲、储藏室里还有一箱箱的教科书，我无奈地苦笑着，连我自己也不能免俗。眼见着我们的学生就像工厂流水线生产出来的产品一样，整齐划一，缺少个性。看着这些天真可爱的孩子，本应该神情激昂、活力四射，我感到心痛和惋惜。

我听过一则小故事，觉得很有意思。外国的学生和中国的学生在同一个教室上课，老师说："同学们，我们互相了解一下，说一下你的特长是什么?"外国学生跃跃欲试，争先恐后地举手说道："我的特长是滑雪。""我擅长打篮球。"还有外国学生说自己的特长是吹口哨、倒立，引来大家一阵哄笑。轮到中国学生发言，他胆怯地站起来，小声地说："我的特长是……是……看书。"我苦笑起来，分不清是担心还是悲哀，一股落寞感油然而生。此刻，发掘、开发、保护学生的个性的念头在我的心中生根了。

我抬头望望头顶深邃的夜空，繁星点点，我是如此渺小。我虽然渺小，但是思想却可以徜徉。人是一棵会思考的芦苇。在当今浮华喧闹的社会，人们都不会思考了，我感恩闹市中这方净土、这片夜空能够给我提供思想的栖息地。我问自己到底什么是个性？许多学生把没教养、不礼貌、过分追求与他人不一样当作个性。我穿了奇装异服、打了耳洞，我看起来和别人不同，我很有个性；别人上课发言，我故意反对别人，我的思想有个性；我脏话连篇，恶意中伤别人，我的行为有个性。这些难道是个性吗？我知道这些必然不是，思想的混乱会让我们迷失前进的道路。

在办学过程中，我经常会接触到一些教育专家，他们彬彬有礼、学富五车，让我万分崇敬。我猛然意识到：个性是一种修养，在历经了时光的磨炼和艰难困境的洗礼之后，成为我们或善良，或高雅，或高贵的独特气质。个性培养还要学会正确选择，在不同的生活环境、不同的兴趣爱好、不同的价值取向、不同的人生目标中，我们要做出最有利于个人发展的选择。

尺有所短，寸有所长，这是父亲常对我说的一句话。细细观察会发现，每个孩子都有自己独特的精彩：鹏鹏不善言辞、沉默寡言，却能歌善舞、多才多艺；小莉成绩不尽如人意，却在人际交往方面游刃有余；学飞语文成绩一般，但逻辑思维能力强，在理科上出类拔萃……我对老师们说："你意识到学生的差异性，就有成为好老师的可能。如果意识不到，你有可能成为杀手和屠夫。"老师、家长可能自己也意识不到正在扼杀学生的个性，打着爱、保护、为你好的旗号成为残忍地斩杀学生个性的刽子手。但很多人对此却不以为然，并乐此不疲，这是多么悲哀的事情呀！

路过走廊，我远远听见唐老师训斥学生，她愁眉苦脸地看着学生，无奈地说："你怎么这么差呢？怎么教都教不好，你看人家子航同时坐在这个教室上课，怎么差距这么大呢？"我看了一下那位学生，他脸上充满委屈和伤心，很是于心不忍。后来，这位学生对我说："杨校长，为什么我的爸爸妈妈、我的老师觉得最好的都是别人家的孩子，我也很好呀！我有爱心、喜欢帮助别人，虽然调皮了一点，但是我很善良，这些他们怎么都看不到呢？"听了这些话，我的心隐隐作痛，不要再将学生比来比去了，他们都是最闪亮的星星，在苍穹的画布上留下耀眼的痕迹。

老师喜欢好学生，在上课的过程中，他们认真听讲、遵守纪律、成绩优异、诚实有礼，恐怕没有人不喜欢。但是你只要换一种视角，你会发现那些所谓的"差生"竟然也这么可爱。他们在课堂上交头接耳、扰乱你上课，却在下课后默默地帮你把黑板擦干净，把讲台收拾整洁；他们成绩总是落后，给班级总成绩拖后腿，却在运动会上驰骋赛场、挥洒汗水，为班级一次又一次夺得荣誉。他们在学习方面不尽如人意，却在另外的方面把能力凸显出来。作为一名校长、一名教师，我们要发现孩子的优点、长处，而不能总是抓着缺点不松手。

看着这些浑身散发着朝气的孩子们，他们是含苞待放的花朵，是清晨的露水，处在最美好的年华里。我越来越感受到身上的重任，我必须保护他们的个性，创造环境和条件让他们擅长的方面得到释放。

有的老师问我："杨校长，你又想让孩子们全面发展，又想培养个性发展，这不是自相矛盾吗？"我不禁产生了疑问，全面发展与个性发展是什么关系呢？这些个别的却异常重要的问题时不时地冒出脑海。

怎样才算得上是全面发展呢？难道核心素养十八点一一做到就是全面发展的人了吗？又有谁能做到呢？恐怕那些天才也不能称为全面发展的人吧。钱钟书出生于诗书世家，自幼受到传统文化的教育，中学时擅长国文、英文，却在数学等理科上成绩极差。报考清华大学时，数学仅得 15 分，但因国文、英文成绩突出，其中英文更是获得满分，于 1929年被清华大学外文系录取。著名童话大王郑渊洁，他数学不好，考试经常不及格，但知道自己文采好，坚持写作，所以成了今天的童话大王。还有爱因斯坦、爱迪生的故事也告诉我们这些大科学家都是某一领域的奇才，但是其他方面略弱于常人。

想来核心素养十八点都做到的话，恐怕无人能及。核心素养是一个大而全的东西，个性发展对每个人是不一样的，你可能在一方面强，在另一方面就弱了。拿我自己来说，从小看到数学就头疼，怎么学也学不好，但是在英语学习方面，却有如神助，很有天赋，坚持到现在。一个人一方面的才能越突出，另一方面的缺点就越明显，每个人都有自己的兴趣特长，而且兴趣特长都不一样。我们只能以个性促进其全面发展，在原有素养的基础上，优势得到发展，弱势尽量弥补。

从教多年，内化的教育理论总是不断更新，对新教育理论的理解能帮助我在管理和教学工作中游刃有余。在书籍阅读的过程中，我了解了加德纳的多元智能理论，将人的智能分为语言、数理逻辑、身体—运动、空间、人际等 9 种，每个学生在智能的组合上均不相同，如有的语言智能发达，空间智能却不足，而且每个人的智能占有比例也不相同。加德纳的多元智能理论让我深受启发，学生是具有差异的，用一把尺子去衡量所有学生的标准已经过时，每个学生都能在擅长的方面大放异彩，所以每个学生都是独特的、有自己的个性的。

这样看来，根本就不存在什么差生，每个学生都不一样，每个学生在他们擅长的领域都能大放异彩。想到这里，到底如何才能培养出有个性的人呢？

多彩的蜕变

流金般的阳光穿过浓密的树影，星星点点地洒在教室的窗帘上，风和日丽，美好的一天就要开始了。

同学们向阳而坐，静静地等待着多彩晨会的开始。今天的多彩晨会似乎有点不一样，演讲者是武术迷小辉，他给大家带来武松打虎的故事，还带来木棍、老虎帽作道具，配合着自身的武术功底，真是精彩绝伦。我心里暗喜，多彩晨会举办得越发精彩、生动了。

多彩晨会已经走过几个年头，在我的设计下，逐渐成为棠澍小学的一大特色，并深受老师和同学们的喜爱。你可能会问，晨会有什么特色？为什么说"多彩"呢？你举办的晨会和别的晨会有什么不同？一个晨会还能搞出什么新花样？不就是让孩子背背课文，朗读一下古诗吗？类似这样的质疑不在少数。在我看来，只背背课文、读读古诗，这样的晨会未免太狭隘、枯燥、形式化了。其实，棠澍小学晨会的特色就在于按照学生的认知特点，不同年级安排不同的阅读主题，展现学生的个性化发展；阅读内容与社会、时事挂钩，培养学生的家国意识。

要展现学生的个性，把晨会的多彩展现出来，这不是一件容易的事情。短短十分钟，如何既能展现学生的个性，又能让孩子们开拓眼界呢？那段时间，我逢人就问关于晨会举办的事情，其他老师说："杨校长，你是着魔了吗？"我苦笑着："我希望能打造一个不一样的多彩晨会，又没什么思路，只能向你们请教！"

有句话说得好："不疯魔，不成活。"

上班的路上，车辆行人熙熙攘攘，我穿梭在人群中，一切和往日并没有什么不同。路过报亭，卖报人善意地问候我："买份报纸吧！世界每天都在变化呀！一天不看就跟不上变化喽！"我不自觉地停下脚步，此刻，心里豁然开朗，仿佛一下子清晰了。我激动地买了 10 份报纸，兴冲冲地赶到学校。

我把报纸摊在林校长面前，他惊愕地看着我："哟，杨校长，今天怎么兴致这么好，还看起报纸来了呢？"我说："别小看这些报纸，它的用处大着呢！"在大多数人印象中，这样的场景应该并不陌生——清晨，爸爸戴着老花镜，拿着一份报纸认真品读，旁边茶香袅袅，让空气都生出了几分安逸感。我不明白，报纸为什么总是和年龄相对大的人联系在一起？小孩子看报的很少，关注时事新闻的更少，何不利用课前十分钟的多彩晨会，拓宽孩子们的视野呢！"两耳不闻窗外事，一心只读圣贤书"的日子早就过去了，孩子们需要和世界接轨、需要关心天下事。

经过和各位老师的商讨，我们初步完成了多彩晨会的项目设计。不同年级的孩子认知水平不同，一年级的孩子肯定读不了复杂的社会时事新闻，不同孩子晨会读的内容也要有所区分，让孩子读自己喜欢的东西，在一定的范围内想读什么就读什么。三年级的晨会内容主要是科技动态、好书推荐、时事新闻、奇闻趣事，提升孩子们的阅读兴趣、培养社会意识；四到六年级轮流读报，分享社会热点新闻，学生主持、同学点评，培养学生思考能力。多彩晨会开始举办，同学们热情高涨，老师们也兴奋地跟我说："不要说学生了，就是我这个老师，每天听他们讲时事新闻，都比以前见多识广了呢！"

　　沿着宽敞明亮的走廊慢慢前行，我听到每个班里都有精彩故事发生，有的在讲全球最不可思议的餐厅，有的在分享自己读书过程中学到的有趣知识。四年级二班正传来阵阵喝彩声呢。

　　"只见武松双手抡起哨棒，尽平生气力，只一棒，从半空劈将下来。只听得一声响，簌簌地，将那树连枝带叶劈脸打将下来。"小辉左手拿一根木棍，眼睛瞪得溜圆，虎视眈眈，踉跄摆出进攻的姿势，声情并茂地再现武松打虎场景，引来阵阵喝彩声。突然，小辉放下木棍，头戴老虎帽，迅速向前翻滚，纵身一跃，发出嗷嗷声，嘴里念念有词："那老虎又饥又渴，两只前爪在地上轻轻一按，朝着武松纵身扑来……"

　　我希望多彩晨会的开展能让孩子看到多彩的世界，能拥有多彩的人生经历，能获得个性化的发展！这不，咱们学校的孩子们知识之丰富，让外校的老师们都大吃一惊。

　　今天是教师评课的日子，其他学校的老师要来我们学校上课。一大早，我走进教室，等待着外校老师的到来。上课铃响起，外校的王老师自信满满地走上讲台，举止大方、说话得体，孩子们反应机敏，与老师的配合也恰到好处，不得不说，这是一堂完美的课。突然，王老师完全变了一个样子，紧张不安，说话总是停顿，非常不好意思地望着我。"您怎么了？是不舒服吗？"我关心地问道。

　　"不是，我……我……准备的内容讲完了，实在是不好意思。"王老师紧张地说。面对这个突发状况，我感到非常诧异，教学才进行了半个小时，怎么就结束了呢！评课比赛每个教师都十分重视，准备必然也万分周全，为什么不多准备一点呢？面对我的质疑，王老师说："我也不知道，您学校的孩子太聪明了，知识面很广阔，我准备的内容讲给我们学校的学生，一节课怎么也讲不完。不知道为什么，在您这里讲课，半个小时就讲完了。我还从来没遇到过这种情况，一时间有点惊慌失措，实在太不好意思啦！"

"那就让孩子们说说，听了前面的课，还能提出什么新的问题吧。"我善意地建议，心中不免有些小小的得意。

这恐怕还得归功于多彩晨会吧。正如它的名字，使每一个早晨都被赋予了彩色的意蕴。

第二课堂的春天

春回大地、万物复苏，风轻柔地撩动窗帘，从窗帘的间隙中我看到了远处的操场，孩子们脱去厚重的衣服，看起来比往日增添了几分活力。男孩子们踢足球，女孩子们踢毽子、跳绳，好一派热闹的景象！春天意味着生机、朝气，春天是改革的佳期。酝酿已久的第二课堂特色课程体系终于开放了，整个校园活力四射，我一颗悬着的心也渐渐落了地。

第二课堂是孩子们的课外延伸领域，孩子们在第二课堂空间中释放激情、释放天真、释放个性，发展艺术特长。为了给孩子们打造一个真正发展个性的第二课堂，我几乎跑遍了广州的学校，翻遍了大半个图书馆查找资料，烈日炎炎，又或者暴雨滂沱、阻塞半路，也阻止不了我前进的心。第二课堂是培养学生个性的重要途径，但是组织不好，往往流于形式化，而这种形式化、随便搞搞就算了的想法才是扼杀教育、终结教育生命的罪魁祸首。所以，在我的眼中，从没有应付这个词，只有真枪实弹地干，才有可能有收获。在探寻教育的旅途中，我时不时遇到各种各样的艰难险阻，现在回想起来都不知道是如何坚持下去的，也许是那颗追求教育的本真的心，让我遇到困难时越战越勇。

办公桌上的台灯在黑暗中努力散发着自己的光，钟表滴答滴答的声音让我的心异常平静，抬眼一看，已经深夜 12 点了，竟没有一点困倦。深夜带给我广阔的想象空间，思维四处驰骋，是沉思的好时候。回想这段时间的奔波，一次一次的参观学习、经验总结，身心常有疲倦的时候。然而，看着自己对第二课堂的了解越来越丰富、经验越来越充足时，成就感总是将疲倦赶走。在我的坚持下，第二课堂初步的想法成型了。

一直以来，我认为第二课堂肯定不是简单地换个环境上课，让孩子们玩得好就够了，也不是把音乐课、美术课、体育课包装一下，美其名曰"第二课堂"。第二课堂必须得丰富起来，这是我给自己提出的第一个标准。要想多样化地发展学生的个性，就要有丰富的课程种类，为学生提供多样化的选择，让学生尽可能多地尝试。你有可能是一个从来不穿裙子的女生，每天酷酷的，但是有可能尝试了一次跳舞，就深深地迷恋上它。只有尝试了才知道自己到底喜欢、擅长什么。多种类、多样化的课程标准是好的第二课堂必须具备的特点，为此，我专门走访各个班级，调查孩子们的兴趣爱好，争取为学生们开设多样化的课程。

"孩子们，你们的兴趣特长是什么？或者说，你们喜欢做什么？大家畅所欲言，什么都可以说。"

我话音还没落，孩子们便纷纷举手示意回答。

"我喜欢模特，我的梦想就是长大当模特，我走的猫步大家都夸赞呢！"

"我喜欢下五子棋，我可厉害了，同学们中还没有能赢过我的呢！"

"我喜欢武术，但是妈妈说太危险了，不让我练，我真的好想学呀！"

大家你一言我一语地讨论起来，摩拳擦掌，跃跃欲试。看到同学们期待的表情、脸上绽放的笑容，我感到无比欣慰。

经过一天的调查，我已经胸有成竹，接下来就是专业性问题还得解决。既然是发展学生的个性、培养学生的兴趣爱好，就不能随便教教算了，师资必须得专业，把专业的技能教给学生，学生才能有收获。可是细想，我们又没有足够的经费，没办法去社会上聘请专业老师给孩子们上课。这样一来，师资问题不解决，第二课堂就不会有新的突破了。

推进第二课堂的进程仿佛一下子就停滞了，想到课堂上孩子们期待的眼神，心头的压力又重了几分。无意的一个契机，我结识了非物质文化遗产珐琅彩的传承人，他对人极其友善，目光炯炯有神，一见他，心里就生出一股亲切感。"这么多年来，我一直有个心愿，就是让珐琅彩进校园，借助校园的平台，让更多的人知道珐琅彩、发扬珐琅彩。遗憾的是，现在的人们对传统的东西兴趣不大，也没有多少人关注，我真怕这个宝贝东西哪天就消失了呢！"老先生平静地说，一片愁云很快飘过他眉间，容易被人忽略。我转头望着工作台上摆着的琳琅满目的珐琅彩，巧夺天工、颜色绚丽，不禁感叹世间怎么会有如此精美曼妙的作品。

我能看得出，老先生是一个有情怀的人，内心中充满了对珐琅彩的爱与责任。我小心翼翼地试探道："先生，我有个主意能帮您实现梦想，您愿意听听吗？"

老先生目光与我交汇，那是一汪沉静、坚毅而又充满着希望的湖水，"说来听听。"当我刚把珐琅彩进校园的想法一提，还未来得及多说几句，老先生竟如孩子般跳起来："我同意，我同意，这个想法太好了。我的珐琅彩，中国的珐琅彩，咱们的老传统有救了。我不为挣钱，我只为让孩子们知道珐琅彩。太感谢你了，谢谢。"

看着老先生颤抖地握着我的手，一瞬间，我的眼眶竟然湿润了，不是因为我成功地说服老先生同意珐琅彩进校园，而是被他的热情、情怀所打动。

有情怀的人应该走到一起来做事，这是我常常提到的一句话。我喜欢与有情怀的人接触，与他们交往，你不用计较利益得失，他们捧着一颗真诚的心来，脚踏实地做事，只是希望事情变得更好，除此之外，别无所求。有情怀的人往往是简单的，我扪心自问，这么多年我一直带着情怀去做教育，教育不仅仅是我的一份工作，她就像我的孩子，把她捧在手心，用心经营，这种感情是深刻的、持久的、刻骨铭心的，源自内心深处对教育的爱。第二课堂特色课程体系的创建得益于这些有情怀的人，通过与他们的机构合作，我引进了珐琅彩、马术、棋艺、竖笛、武术、艺术插花等项目，让第二课堂大放异彩。

现实生活中，我们很少看见学生主动伸手要知识的。不按照学生们真正想要的、需求的教，而仅凭自己单方面的想法就埋头苦干，岂不是本末倒置吗？要培养有个性的人，就得让学生按照自己的意愿学习，学生想学什么，我们提供给他什么，于是先选课后设课的模式诞生了。先选课后设课为学生的个性发展创设了宽松自由的氛围。学期末选课，自己列清单，根据学生的选择和报名的多少，再开设课程、联系老师，而不是先设计课程。这就把由上而下的课程设置转变为由下而上的课程选择。

这不，学期末，学生们期盼已久的第二课堂选课活动终于开始了，大家三五成群，像活泼的小鸟般欢呼雀跃。

"下学期我要选择乒乓球课程，你们也选吧，这样就能一较高下了。"

"我想选择棋艺，学成了就能陪我爷爷下棋，他每天一个人太孤单了。"

他们像小大人般规划着下学期的课程，热情十足。站在人群中，我渐渐陶醉在自信、欢乐的气氛中，原来让学生们学到真正想学的东西是一件令人感到幸福的事情。

我为你设课

傍晚，落日余晖，桌面零星散落着些许文件，紧张一天的心渐渐舒展开来，任思绪缓缓流淌。

"咚咚咚"，敲门声打断我的思绪，原来是林校长，他推门进来，手里握着一叠文件，"杨校长，您看一下，这是学生下学期第二课堂的选课情况，选择马术、珐琅彩、绘画、民族舞等课程的人比较多，只有几个人选择武术课程，您看要不就取消下学期武术课程的开设，这么几个人报名，不值得请武术老师了吧？"

"那怎么行！"我立刻反驳道，"开设第二课堂的初衷不就是培养学生兴趣特长、发展学生个性吗？怎么能因为报名人数少，节省人力、经费而取消课程呢？只要有人报名，哪怕只有一个人，也要请老师过来上课。"

也许在别人看来，这样的做法太过严苛，特别是在今天这个社会，事情往往追求效益最大化、寻求最优解，为一个学生专门请教师开设课程，未免有点小题大做，也会有人质疑这是作秀行为。但是因为大多数人的质疑而不去坚持自我想法，则难以在教育征途中走得长远。作为一校之长，在大众声音中倾听自我声音，坚持己见也是至关重要的。

设课要根据选课情况而定，根据学生们的选课情况，我们去校外聘请专业教师，提供专业的课外特长指导。新学期，第二课堂体系火热开展起来，不少家长闻声而来，也跟着积极参与到活动课程中。远处，小阳和他的妈妈正在共同学习打乒乓球，两人在教练的指导下打得有模有样，远远看去，多么和谐生动的一幅场景！见我走过来，小阳妈妈远远朝我打招呼："杨校长，真的感谢你，第二课堂举办得这么有声有色，原本要在校外花高额费用学习的课程，没想到在学校免费就可以学到。

孩子学会乒乓球以后，整个人都阳光活泼多了。最开心的是，第二课堂还可以让我们家长参与进来，提供和孩子共同成长的机会，这种机会真是太难得了。您可能不知道，我是一名古筝教师，如果需要的话，我可以教孩子们弹古筝，为咱们学校出一份力量。"我紧紧地握着小阳妈妈的手，心里充满感动，学生、教师、家长，哪怕是一点一滴的支持都将汇聚成前行的动力，成为我的前进道路上一座永不熄灭的灯塔。

正如歌德所说，一棵树上很难找到两片叶子形状完全一样，一千个人之中也很难找到两个人在思想和情感上完全协调。每个学生都是独一无二的个体。要看到学生身上的闪光点，以其之长，补其之短。星星虽然距离我们很遥远，却为天空带来点缀，装饰我们的想象。花朵虽然品种不同、绽放的季节和条件不同，却都能散发醉人的芬芳。如果你的眼中都是缺点、都是标准化的规范，你将得到一些同化、呆板、毫无个性的孩子；如果你有一双发现优点的眼睛，你将得到一群生动活泼、个性张扬而具有独特魅力的学生。

第六章　有德才有未来

教育只有埋下德的种子，才能收获有德的学生。

——杨秀红

葱郁的棠澍校园里，落日余晖柔和地洒在孩子们的脸上，映衬着红扑扑的脸颊。"人之初，性本善，性相近，习相远……""投我以木瓜，报之以琼琚。匪报也，永以为好也……"清脆银铃般的声音布满校园的各个角落，一支支排列井然有序的队伍缓缓向校门口走去，原来是孩子们的放学时间到了。其中一支队伍遇见在食堂工作的李阿姨，他们热情地与她招手问好："李阿姨好，李阿姨好！"打完招呼过后，孩子们又投入到古文经典的集体诵读中。在一旁的我看着孩子们热情真诚的笑脸，一股暖流涌上心头。

这是在校园中最常见的一幕。我想，教育的终极目的，是让孩子成为一个有德行的人，让孩子享受到幸福的人生。但学校德育教育的开展，并不是一件容易的事。让孩子养成随时随地诵读经典、规范的行为习惯，可以将道德教育寓于日常生活中，增加时效性。当学生声情并茂地大声诵读，就将他的勇气、力量、感情都展现出来，这样的道德教育，无形却有效。

假、大、空式德育的道德追问

眨眼间，我从事德育课程的教学生涯已过数十载，忆起过去的时光，依然历历在目，真是如白驹过隙，转瞬即逝。在一线教学实践中，德育与生活的脱节常常困扰我。德育内容难以与现实生活对应，往往学生在书本上学的是一套，真正生活中需要的又是另外一套，这样一来，学校德育岂不是成了装饰性的摆设吗？我翻阅着德育教材，教科书的案例内容都是经过编写专家、教师层层筛选、过滤得来的理想化素材，舍己为人、无私奉献、为大家舍小家，这些大而空的德育理念一旦到了现实生活中，未免显得有些生硬。面对这个充满是与非、美与丑、真与假、善与恶的真实世界，学校的德育有些力不从心、措手不及。

随便走进一所学校的大门，总会有"立德树人，构建文明校园""以德治校，彰显文明之风"之类口号的条幅映入眼帘，非常夺人眼球，仿佛喊一喊口号、宣传几句德育标语就完事大吉了。这种现象引起了我的反思，德育难道仅仅活在口号中就够了吗？德育的对象是有血有肉、活生生的人，他们情感丰富、灵动且充满生机，几句程式化的口号怎能影响他们的思想德行呢？德育口号化这条路肯定是行不通的，要想教好德育，还得另辟蹊径。

我看到一些德育老师，在课堂上要求学生们大声朗读教材。"三餐饭，来不易，不要浪费一粒米。吃和穿，不攀比，生活用品要爱惜。"学生们摇头晃脑、煞有介事地大声朗读，德育教师站在讲台上满意地点头称是。可是等到下课，我们再来到食堂看看，刚才在课堂上读书最大声的小明，现在说着："这个菜怎么这么难吃，真是吃不下，一会倒了吧！"我内心非常失落，道德教育形式化现象越发严重，孩子们当面一套，走出课堂又是另外一套。

如何才能让道德教育更加具有实效呢？作为一名德育老师，每当接手新的班级，我总会花时间专门观察学生的外在行为，反问自己道德教育应该教什么？学生最需要什么道德？学校最需要什么道德？这是一直以来困扰着我的问题。经过多年的积累和沉淀，我逐渐摸索出一套适用且有效的德育体系。

把规则唱出来

俗话说，"没有规矩，不成方圆"，道德教育就是规则教育，只有规则还不够，还得把规则内化为行为习惯。

小学阶段的学生由于年龄小，自控能力差，他们不知道什么是规则，那我们帮学生制定规则。经过与各科教师协商，我们一致认为行为规则的制定还得与学生的身心发展程度相契合，与日常生活息息相关。在前期的摸索阶段，我的目光总是集中在"全"上，期待面面俱到，真正落实的过程又遇到诸多困难，规则多而全，学生抓不住重点，实施效果非常不理想。"与其面上刨坑，不如点上凿井"，规则的制定必须细化，细化到每一件具体的小事上，让学生清楚地知道应该如何做，把具体的做法也告诉学生。

"这么多规则，我看着都费劲，根本记不住，别说学生们了。"一位老师随口抱怨道。看似一句无心的话语，却被我听进心里了。学校不缺规则。制定规则不是最终目的，即使把规则打印出来摆放在班级最显眼的位置，又有谁会天天翻阅呢？还不是随着时间的流逝最后积上一层厚厚的尘土，像没入大海的石子般不起波澜。我苦思冥想这个问题，甚至多次徘徊在我的梦境中。

为什么不把规则编成四字歌呢？我想到。这样既读起来朗朗上口，又方便学生们记忆。比起大段大段的规范条文，四字歌也更加具有吸引力，容易被孩子们接受。

想到这个主意，我立刻召集德育老师、音乐老师还有其他领导商议此事，想法刚一说，就得到大家一致赞同，立刻热火朝天地准备起来。过了几天，我带领几个优秀学生出现在办公室，老师们纷纷露出疑惑不解的表情。

"杨校长，怎么还把学生带过来了？难道你也想让他们制定规则吗？"张老师笑着对我说。

我说："为什么学生不能制定规则呢？我们制定出的规则是给学生的，学生为自己制定规则有何不可呢？没有学生的参与，你怎么保证你制定出的规则，同时学生也认可呢？"

苏霍姆林斯基说过："其实每个孩子心灵最隐蔽的一角，都有一根独特的琴弦，拨动它就会发出特有的声响。要想使孩子的心同我讲的话发生共鸣，那么，我必须同孩子的心弦对准音调。"就是这段话，让我备受启发。制定规则的过程并不是教师一方的独舞，要与学生发生共鸣，与他们的心弦保持一致的音调。于是，我做了大胆的决定，让学生参与到规则制定过程中，有他们的参与，制定的规则才会有公信力，学生才是规则的体验者和受益者。让学生参与校规制定既是对学生人格的尊重，也是对学生权利的尊重。

有学生加入制定规则这件事情，在学校还引起了不小轰动呢。大家纷纷发挥主人翁的精神建言献策，甚至多次专门召开班级会议。学生提出的建议许多是我们作为成年人而忽视的小细节，有的规则与他们实际的班级情况不符。就这样，经过学生的建言献策，规则四字歌几易其稿，在一遍遍的调整与修正中逐渐完善。通过这次活动，教师与学生有更加密切的互动，教师俯下身来倾听学生真实的想法，而学生在具体的实践过程中深刻地了解什么是规则以及体验规则的重要性，这比专门开设一节德育课讲解什么是规则，要有效果得多了。

经过一个月的辛苦筹备，学生在校一日常规四字歌诞生了，从进校、晨读、早午餐、多彩晨会到值日等 25 个环节制定了详细的规则。规则歌简单易读、朗朗上口，还能以歌曲的形式唱出来，得到学生们的热情欢迎。

取餐

1. 组长带队、排队行走、轻诵经典、排队等候

2. 行走过程、不玩餐具、依照线路、轻声慢步

升旗仪式

1. 集合号响、整理衣冠、收拾桌面、校服整洁、领巾戴好、轻拉桌椅、迅速集队、楼梯行走、轻诵经典、右行礼让

2. 到达地面、两两对齐、直摆双手、昂首挺胸、齐喊口令、按节拍走、进入班位

3. 升旗开始、面向国旗、行注目礼、敬好队礼、高唱国歌、倾听讲话、保持安静

4. 安全抽查、人人参与、叫到号数、自觉排队、认真听题、流利回答

5. 升旗结束、原路返回、两两对齐、直摆双手、昂首挺胸、齐喊口令、按节拍走、进入楼梯、轻诵经典、右行礼让

6. 回到课室、方可解散、课前准备、牢记在心

放学

1. 下课铃响、收拾书包、整理抽屉、带走垃圾、摆好桌椅、有序离位

2. 快速集队、轻声慢步、轻诵经典、按线路走

让自律成为一种习惯

规则歌制定出来了，但要想它不沦为一种摆设，还得渗透到日常生活的一点一滴的小事中，成为嵌在学生身上的行为习惯。行为习惯的培养需要经过日复一日的重复，一旦道德成为一种习惯，就会深入学生的心灵，成为大家下意识的行为。学生做出具有道德意义的事情不是为了

得到教师、家长的表扬，而是潜意识中自发做出的行为。

在日常生活和工作中，对行为习惯的力量我深有体会。从初中开始，我对英语产生了浓厚的兴趣，后来从事工作以后，空闲时间仍不忘自学英语，读读英文杂志，听听英语广播。这么多年来，英语已经成为我生活的一部分，不论工作多忙、事情多么烦琐，我都会坚持学习英语，后来逐渐发展成为一种习惯，如果不学习，就会感觉少点什么。我感谢这么多年来的坚持，习惯让英语成为我的一技之长，直到现在还能够享受英语带给我的乐趣。其实，养成良好的道德行为习惯也是这个道理，当道德内化为学生身上的行为习惯时，便是自然而然的行为，而不再是负担，只有这样才可以说道德真正走进学生的内心。

在拥挤的公交车上，我们有礼貌地给老人让座；在红灯面前，我们自觉地放缓脚步等待绿灯放行；在公共场合，我们自觉地排成一列长队有序地通过；在教室，我们不约而同地压低声音以免打扰其他同学。这些温馨的善举都体现在日常生活中的小事上，内化于每个人的灵魂中，学生们不需要过多的道德判断和选择，自然而然地就能表现出这样的行为。反观社会上，多少人对地上的垃圾视而不见，水龙头哗哗流水却事不关己地走开，难道是因为他们没有接受道德教育吗？当然不是，说不定他们搞起道德说教来更胜一筹。究其原因，主要还是因为道德没有内化于思想和行为之中，并继而发展成行为习惯。

在别人狠抓形式、推行新式德育时，我们不跟风，坚持本校特色抓落实。我始终认为道德教育是一个急不来的活，需要在这条路上缓缓前行、慢慢摸索，不可盲目跟风。另外，道德说教远不如道德行动，很多人口头上高呼大家要注意安全、大家要文明有礼，说一说就过去了，落实度很差，学生依然不知道如何做才是注意安全、怎样才叫文明有礼。许多德育活动当时反响很好，经过时间的推移也慢慢淡化了。

规则的落实不是一时的事情，而是全校师生的持久活动。规则歌也不能只是读一读，读并不代表进入脑海，学生只有记住、背过才能消化、才能巩固。于是，我要求学生们在熟练背诵的基础上，每天按照规则歌中的规定做，严格遵守纪律，一遍一遍地重复，深深地刻印在脑海中，并随时突击检查。

把道德内化为行为习惯，采取体验式道德教育的想法得缘于一本《教育心理学》的启发，里面讲到，体验是道德内化的必然过程，没有体验，学生就不可能对道德产生深刻的认识。想要体验式的道德，就不能让道德教育只发生在课堂上，要向学生的生命空间拓展，在多时空中全方位地体验道德。在前期的道德体验开展阶段，我发现很多体验活动并不能真正奏效，表面上看似热闹，实则学生代入感很低，刚刚进入状态，活动就结束了。我思来想去，觉得体验必须要是长效的、持久的。

体验什么呢？我觉得最贴近学生生活、最容易产生效果的就是规则歌中的规则。例如，见到老师要问好、行注目礼，培养学生尊敬师长的意识；排队上楼、排队打饭、排队进教室、排队如厕、排队取水，不推搡，培养学生的文明意识与安全意识；进食无声、不用手抓、静听录音、安静用餐，培养学生的餐桌礼仪和绅士淑女风度；牢记在心、经常复习、巩固记忆，培养学生的学习技巧；升国旗时，行注目礼、敬好队礼、高唱国歌、倾听讲话、保持安静，培养学生的家国情怀。我严格要求学生们遵守制定的规则，并安排专门的老师检查规则落实情况。

刚开始推行就遇到很大阻力，孩子们总是抱怨很多，怎么这么多规则呀！也有不少破坏规则的学生。学生已经习惯之前散漫的状态，突然被规矩束缚起来，就容易做出破坏规则的行为。我告诉老师们一定要耐心地训练，不厌其烦地告诉学生正确做法，训练学生，不能松弛，否则就前功尽弃了。学生喜欢大声说话，聊与学习无关的事，你就让他讲有意义的话，把精力放到古诗词、规则歌的背诵上去；学生看见地面上的垃圾无动于衷，你就在他眼前捡起垃圾放进垃圾桶，告诉他正确的做法。

　　研究心理学的王老师告诉我，一种行为坚持重复 21 天以上，你就会形成习惯；若坚持重复 90 天以上，你就会形成稳定习惯；如果能坚持重复 365 天以上，你想改变都很困难。一个月以后，学生破坏规则的行为逐渐减少了，大部分孩子都能出于习惯而遵守规则，不是刻意地按照规则指示的去做。前三个月异常艰难，但是在半年之后，很少有学生违背规则，也没有学生抱怨，大家都在规范的界限内从心所欲不逾矩。

　　我们对学生行为规范的要求内化在日常生活中，包括训练、排队、餐前等阶段，行为习惯和规则歌的背诵落实得好不好，只有通过检查和考核才知道。到底如何检查学生的掌握情况呢？这就涉及德育评价的问题。有不少人给我推荐过档案袋法。档案袋法侧重于过程性评价，已被不少学校引入到德育评价中。但是我认为，这并不适用于我的德育理念。把什么资料都装进档案袋，最后得到的只是资料的堆积，每位学生都抱着自己厚厚的档案袋，不管评什么，先把档案袋摆在面前，并不能反映出学生们最终的道德掌握程度。所以，档案袋法的评价方式及效果不能令我满意。

　　我想寻找一种切实可行的道德评价方法，不是为了最终评价出一个结果，而是要在评价的过程中随时督促学生们的行动落实。

　　我持有这样的观点，对于行为规范的落实就要随时随地考核，目标清晰，让学生知道考核什么、采取何种策略考核，指向性强。我要求学生们能够熟练背出规则歌和经典诵读内容，并将检查分散到日常生活中。

　　每逢周一，全校师生聚集起来举行升旗仪式。今天风和日丽，五星红旗在蓝天白云的映衬下显得愈发鲜艳。学生们整齐地排列队伍，面向国旗，行注目礼，并跟随着振奋人心的国歌小声唱。升旗结束后，就是一日常规和经典诵读的内容检查环节。我们将每个班级的学生逐一编号，每班抽取一人，一人代表全班，由体育老师点号数，被点到号数的学生出列，自动排成一列，检查背诵上一周布置下来的安全文明儿歌、楼道歌、规则歌。检查结果直接与班级荣誉挂钩，表现好的班级结合其他表现可获得文明班优秀红旗。

远远就能听见，学生们一起声音洪亮地背诵经典，吟唱规则歌，看起来毫不费力。不论老师检查哪一部分，学生们都对答如流，没有一个人是应付的。看似轻松的背后，实则付出了很大努力。两位家长评价说："我的孩子天天早晨背规则歌，坐在车上也背，睡觉之前也背，有时看他太辛苦了，让他休息一会儿，他反而说：'我不能休息，这不是我自己的事情，这涉及全班的集体荣誉，不能因为我一个人，拖了大家的后腿。'我很惊讶他能说出这样的话，瞬间感觉孩子长大了。""他比以前更懂得遵守规则了，进到图书馆会自觉压低声音，对人也更加彬彬有礼，在一些小细节上还会给我纠正，简直就是个小大人。"

规则意识建立起来，道德也就潜移默化地在学生身上呈现出来。三年级小军的语文成绩总是不理想，尤其碰到作文更不知如何下手。一次考试结束，小军的作文部分又是空白，老师焦急地对小军说："你不要空着呀！你把作文的要求抄在下面不是也有文字了吗？就算字少也可以少扣点分呀！"小军很认真地说："那怎么行！弄虚作假的事情怎么能干呢？不会就是不会。"老师哭笑不得地说："明明是想帮他提成绩，没想到反被他教育一顿。"听了这个故事，我非常感动，学生们已经学会自律，并严格要求自己。

类似的故事还有很多。窗台上不知道谁放在那里的书和文具，过了一周了还是原封不动地摆放在那里，学生都知道，不是自己的东西不能动。四年级一班的萌萌同学已经学会了做四菜一汤，他知道爸爸妈妈上班辛苦，很晚回到家还要忙活着做饭，于是平时在帮助妈妈做饭的过程中留心学习，期待有一天自己也能露一手。一个自小患小儿麻痹症的学生，腿脚很不方便。有一次，我见他独自艰难上楼，一只脚颤颤巍巍地抬起来，另一只脚缓慢跟上去。我急忙跑过去，上前想帮他一把，"孩子，需不需要我背你上去？你这样太辛苦了。"他急忙说："我一定要坚强，这点困难对我来说不算什么，不能因为我耽误大家。"我想把他上课的教室从四楼调到一楼，他也坚决不肯，坚持要自己上去，不给大家添麻烦。这些事情虽然不大，却能够让我们感受到他们幼小心灵的美好。

排队的秘密

正逢课间锻炼时间，外校老师来棠澍小学参观。学生们正有序地排着长队，像一条条长龙般从各个楼道出口出来，口中轻声吟唱规则歌，旁若无人。不一会，大家遍布整个操场，安静地等待音乐的响起。在这方不大的操场上，一到六年级的学生同时出现在这里，竟没有一丝混乱与拥挤，相反是少有的安静、秩序、自律。远远望去，他们像是组织和纪律的化身。

见此场景，其中一位参观老师惊讶地说："杨校长，若非我亲眼所见，实在难以相信，真是叹为观止，棠澍小学的学生素质太高了！你看他们在校园中都是排队有序出入，非常组织化，也不会大声喧哗，口中还整齐地背诵着什么。只有在这种集会的场合，才能看出一个学校和学生的素养。杨校长，您是怎么做到的呢？"我笑着说："非常容易呀，你告诉他们怎么做是正确的，他们就懂了。"

关于排队问题，我也经过了一番深思熟虑。课间休息时间，如果不排队出入，下楼时你推我搡，很容易发生踩踏事故，学生的安全得不到保障。在学校这样的公共场所中，安全是第一位的，之后才能在安全的基础上做其他事情。所以，我要求孩子们不论是吃饭、去运动场上课还是放学回家，都要迅速集队，自动排成一列出入。刚开始，不少家长、学生有抵触情绪，有家长向我抱怨："孩子们在学校都不能自由地活动，上厕所还要排队，边走边背诵，像个集中营。"我温和地说："每一场改革都是痛苦的，当我们适应这种改变时，就会发现改革的益处。排队是培养孩子们的组织性、纪律性等良好行为习惯的途径之一，难道您觉得孩子散漫地游荡在操场上才是释放他们的天性吗？"家长没有争辩，但我看得出，她没有真正赞同我的做法。

自从成为一名校长，被质疑是常有的事情，这些质疑时刻提醒着我。我做的每一项决定都经过深思熟虑，才谨慎地付诸行动，因为孩子的成长是经不起失败、经不起过多的错误实验的。推行初期，总会面对社会、家长、老师的种种不解，因为没人喜欢变动，改革总是突然给我们的生活和学习带来暂时的麻烦和不适。但是适应期一过，当他们愉快地享受改革带来的好处时，谁还记得当初的麻烦和不适呢？所以，当面临他人的质疑时，我总是坚定我的观点和选择，我相信时间会证明我的选择是正确的。

夕阳西下，家长在校门口等待学生们放学。那位曾经埋怨排队的家长冲我热情地招手："杨校长，您还记得我吗？我们聊过天，我觉得还是排队比较好一点。上周我去了一个学校，正逢课间休息，孩子们从楼梯上蜂拥而至，边跑边嬉戏打闹，看着太危险了。还是您的方法有用，这样对比来看，棠澍小学的学生非常有素质。最主要的还是得安全第一呀！"我微微一笑，心里感叹改革的阵痛期终于过去了。

一年又一年过去了，孩子们就这样文明有序地生活着，一切都是那么的自然和谐。

图 6-1　有序出入的学生(1)　　　图 6-2　有序出入的学生(2)

令我惊讶的是，排队有序出入的行为竟潜移默化地影响了许多学生！多年后，一位已经毕业的学生返回学校看望我，他身材高高大大，高过我一头，早就褪去了原先稚气的模样，只能从名字中依稀记得他是那个在课堂上喜欢捣乱的学生。

一见面，他激动地握着我的手说："杨校长，您知道吗？上学的时候，我们总是排着长长的队伍做课间操、吃饭、上厕所、放学，我觉得一点活动自由都没有，但是为了和大家保持一致，不受到老师的批评，我也只好遵守规则。毕业那一天，我开心地想自己终于不用排队做任何事情了，我终于自由了！可是等我上了初中、高中、大学甚至走上社会，我依然发现自己下意识地遵守排队规则，这种行为已经是我自身的一部分，甚至看到人群凌乱哄闹的场面就很不舒服，也会引导别人排队。我现在还能一字不差地背出规则歌，印象太深刻了，根本没法忘记。我没有想到，跟您读书的六年时光竟能影响我的一生，也对您独特的德育理念感到钦佩。"

看着眼前挺拔的男生，听着他说的话，我心里激动得无以复加，不能用任何词语来形容。这就是我想达到的效果，这就是习惯的力量，把道德、规则内化为行为习惯，不管历经多少年，都会在思想和行为上留下印记，经久不衰。

教育不是灌输，而是点燃

苏格拉底曾说："教育不是灌输，而是点燃。"这句话成为我几十年教育生涯的指路明灯。灌输是被动，而点燃是激发、是主动、是成长。每一堂课、每一学年结束，我都会反省自己有没有背离教育的初心，不断调整教学方式来点燃学生。

我从没有一刻停止过这样的思考：我们的品德课堂如何才能多一点创意，少一点枯燥；多一些空间，少一些束缚；多一点引导，少一点灌输。

提到我的德育课程，学生和教师评价为上过的最丰富多彩、轻松有趣的课，给予了我莫大鼓励。我从不喜欢拿着课本直接对着同学们说教，孩子听起来没意思，讲起来更是千篇一律。在每次备课过程中，我努力寻找德育内容与学生个人生活经验的契合点，主张"活动体验式德育"，在现实生活中触及学生的观察、思考、反思和体验。

在教学一年级德育课程《我爱我的家》一课前，我神秘地说："同学们，明天你们每个人要与你的家人共同选出一张最有意义的照片交给我，并给大家分享一下照片背后的故事，好不好?"同学们听后纷纷交头接耳，好奇地揣测我的意图，我笑而不语。

第二天我拿到照片，借助录像创设了这样一个情境——"成长扫描，幸福回忆"。第一张映入眼帘的是小辉和他妈妈在棠澍小学门前的合影，小辉说："上学的第一天，我心里非常害怕，对学校很胆怯，只想永远跟在爸爸妈妈身边，妈妈鼓励我说：'小辉，我们来个约定吧，你在棠澍好好学习，妈妈也在学校外面好好学习，今天就算咱们俩共同的入学典礼了，怎么样? 放学后我们共同交流各自学到了什么内容。'我当时听了，忐忑的心情立刻平静下来……"

大家积极踊跃地上台发言，分享自己家庭中的温馨故事，有的是妈妈下班后疲惫地在沙发上睡着的故事，有的是全家出游的故事，有的是在爸爸妈妈的帮助下第一次炒菜的故事。此刻我在旁边暗自观察，大家时而哄堂大笑，时而安静下来陷入思考，时而感动落泪。借此契机，我提出问题引发学生的思考："我感受到爸爸妈妈对你们深厚无私的爱，那爱是不是应该相互给予呢？在得到别人关爱的同时，我们应该如何做呢？说一说你能为爸爸妈妈做的力所能及的小事吧！"

"我能给爸爸捶捶肩膀，爸爸总是坐在电脑前工作，非常辛苦。"

"吃完饭，我要给妈妈收拾桌子，感谢妈妈为我们做的可口的饭菜。"

当天晚上，家长微信群中的发言异常活跃，大家纷纷讨论自己孩子的变化。不少家长问我到底使了什么妙招？孩子突然变得这么听话懂事。其实，哪有什么妙招呢？无非是在心灵上有那么点触动，在情绪上有那么点感染，在情感上有那么点体验。让孩子切身经历、体验，内心真正感受到父母的辛苦不易，引导他们如何在生活中做力所能及的事情。

类似于这样的教学案例真是数不胜数。在教学《做一个诚实的人》一课时，我了解到"老实人吃亏""说真话倒霉"等消极观念已经在学生的头脑中树立。一开始，我没有告诉学生们这些观念是不对的，而是允许学生暴露自己的思想。先让学生说出阴暗的一面：占了小便宜，产生危害。再让学生列举光明的一面：老实人吃亏是暂时的，社会上诚实的人是主流。在这种真实的心灵撞击中树立正确的观念，激发对弄虚作假的憎恨。

道德教学要冲破"闭合式"的怪圈，实行开放式教学，实现知识性、思想性、趣味性、实践性的统一。不能机械地从外部灌输给学生，从外打破是压力，从内打破才是成长。要遵循学生的发展规律，从内到外地培养学生道德的内生式发展。

结　语

教育要培养什么样的学生？这个问题就像一颗种子在我心中生根发芽，并结出丰硕饱满的果实。在探寻教育本真的过程中，不忽视学生的社会属性，不漠视学生的个性成长，不背离学生的人生体验，用教育者的情怀与爱浸润学生的精神世界。

学生是具有家国情怀的社会建设者，"国"与"家"像烙印般镌刻在学生的身上。家国情怀是一个人对国家的高度认同感、信任感、归属感的集中体现，常怀爱民之心、兴国之道、宏伟之理想是作为合格社会人的必然要求。学生和国家、学生和社会是密不可分的整体，教育要为学生创设通往社会的心灵之桥，先成人，后成材，积极促进其角色转变。

学生是有个性的人，个性像沙漠中弥足珍贵的水源，滋养学生多彩的生命成长，并开出娇艳多姿的花朵。正如苏霍姆林斯基曾说："每个孩子都是一个世界——完全特殊的、独一无二的世界。"这个世界的大门是虚掩着的，需要教师用智慧打开。作为教师，我们要根据学生的兴趣和个性创造以人为本的校园文化活动，关照学生的个性全面发展。

学生是有德行的人，在当前功利主义、工具主义盛行的时代，道德更显弥足珍贵。道德是贴近学生生活的，与学生的日常行为息息相关。一个缺乏道德的人，或许会富裕、体面、彬彬有礼，实质却是一个贪图私利、被外在欲望所操控的人。作为校长，我非常重视德行的力量，它能塑造人的心灵，为我们创设一个有秩序的美好社会。

第三篇

问师：回归教师的
专业属性

人生之路漫长，在看似没有终点的路途上，我们常常只顾往前奔跑。但是，试着停下脚步，回望自己走过的路，也许会让脚下的路走得更稳。这些年，我为了自己心中的教育理想一路狂奔。这期间，我经历了什么？我到底为了什么？

　　在一次次直达内心深处的叩问中，我似乎渐渐认清了过去的自己。从教二十多年，从一名教师成为校长，也许只是轻描淡写的几句话。然而，对我来说，二十多年风雨路，岂能是三言两语就说得清呢？

　　不曾忘记床头上伴着我入睡的一本本厚厚的字典、故事书，不曾忘记踩着单车穿过人烟稀少的森林给学生上课，不曾忘记在节假日为了稀少的培训机会四处打听谁有入场券。眼前的粉笔、讲台、课本、办公室……都是我熟悉的事物，这些成为我生命中不可磨灭的印记。回忆里、现实里，都是教育的味道。

　　正是为人师，给予了我细细品味教育的机会。坚守作为一名教师的初衷，以教师的专业属性投身于教育事业中，是我的职责，更是我的追求。初衷难守，往往被很多人丢弃在身后。在这条充满荆棘的道路上，有多少人走着走着就倒下了？又有多少人半路折回了？但是，也有很多人如最初的时候，小心翼翼地怀揣着、追逐着。只有做到不忘初衷，才能让脚步更加坚定。正是在多年摸索教育的道路上，我越发清楚地感受到自己对教育的那份执着的爱，我才更加清醒地明白自己作为一名专业教师的担当。教师是我一辈子最基本的角色，我愿意用一辈子的时间把它做好。

第七章　校长本来是教师

三尺讲台是我多年来不曾离开的地方。

——杨秀红

"叮铃铃……"桌上突然响起的电话铃声打断了我的思考。放下手头已经被翻皱了的《品德与社会》备课本，我拿起了话筒，电话的那头传来区教育局办公室工作人员的声音："杨校长，请您在后天上午九点前赶到区教育局，颁奖典礼将准时开始。"原来是花都区教育局通知我后天去参加一个颁奖典礼。挂了电话，我翻了翻书本旁边的日历本，只见4月15日的那一框标着"上下午六年级一、二班品德课"的字样——可不能错过他们的品德课啊！想想这么多年来，我从来没有少上过学生们的品德课。在课堂上，我经常跟学生们说："你们可得跟老师一起记住，老师有没有欠你们的课。老师一定要做到在你们毕业的时候不欠你们任何一节课、不错过陪伴你们成长的每一节课！"这是我对学生许下的承诺，对我来说，站在三尺讲台给学生上课是我每天的重要工作。我想，行动就是最好的证明，我应该守住这份神圣的承诺。于是，我毫不犹豫地拨回区教育局的电话，委婉拒绝了区教育局的邀请，请学校的副校长代我领奖。望望办公室的窗外，绿草如茵，操场上嬉笑声一片，学生们在奔跑、跳绳、踢足球……我愉悦地笑了，继续准备六年级的品德课。

在多年担任校长的经历中，我常常面临教学与其他工作任务的冲突。在这种情况下，如何抉择是对我的一个挑战。但在我看来，我首先是教师，然后才是校长。教学是我作为教师的基本工作，不可忽视和放弃。

从教多年，我到底是谁？

每一位校长都是从普通教师岗位走过来的，就算当上了校长，他还是一位老师。从教二十多年来，我依然坚守教师的职责，在教育的田野上，埋头耕耘。

夏天的傍晚时分，刚刚上完课、处理完教师培训的事情，我略感疲惫。但是，我因为完成了学校工作而觉得心满意足。打开手机，一下午的时间，屏幕就已经显示了好几条短信。

"杨校长，请问您最近有空吗？我和陈校长想邀请您聚餐……"

"杨校长，您最近怎么这么忙啊！什么时候能一起去参加一个会议？"

"杨校长，您好。我是×××教育机构的负责人，想和你们学校合作一个项目……"

看到这些关于各种会议、校外应酬的信息，我内心感到些许沉重。每天，很多校长和我一样，面临着这些繁杂的事务。也许，正是因为这样，许多人陷入了无休无止的行政工作、应酬活动中。渐渐地，他们不像是一名教师，更像一个忙碌于行政应酬的工作者。如果有事联系他们，常常会得到这样的回应："杨校长，不好意思，我最近出差了，无法参加课堂教学研讨会。""杨校长，我最近出差去参加会议了。近期的教师培训活动就交由您处理。"我想成为像他们那样的人吗？我打了一个冷颤，内心充满了排斥，却感到一些无奈。

作为一名亲历者，我能理解，校长所承担的工作的确繁重。然而，是否能因为这些繁重的工作而忘记自己最基本的工作呢？

"这个校长根本就是混口饭吃的，都不管课堂，也处理不了学生问题！"有些教师私下评论一些校长。如果他们把自己淹没于行政事务，是否还能静下心，做到"一支粉笔，两袖清风，三尺讲台，四季晴雨"呢？远离了三尺讲台、远离了学生的校长，还能把教书育人作为神圣的使命和一生的追求吗？

二十多年的时间里，我不知见闻了多少这样的例子。我也从一名历史老师成长为学校的管理者，身上肩负的责任越来越多。有时，面对理想与现实的差异，我也会像许多人一样，陷入困惑甚至迷茫之中。在这种处境中，书往往能够给我们指点迷津。

那么，校长最基本的角色是什么呢？校长工作的立足点在哪里呢？迷茫中随意翻阅的一本书给了我想要的答案："学校领导人只有不断完善自己既作为教师又作为教育者的技巧，才能充当教师和学生优秀而有权威的指导者。一个好校长，首先应当是一个好组织者、好教育者和好教师。"伟大的教育家苏霍姆林斯基啊！他告诉了我不要忘记教学工作这个中心。做好教学工作是我们作为专业教师的主要任务。校长只有是教育的专业人员，才能上好课、听好课、评好课，才能让师生敬之、爱之、服之。回顾二十多年的职业生涯，我发现自己一直在从事与教育有关的工作：每天在办公室备课、捧着一本书给学生上课、开展教学培训……作为一名专业的教育工作者，教师才是我最根本的角色。成为一名好教师是我一生的追求。

自走上教育岗位，我始终坚守在教育的一线，践行着教书育人的职责。我担任过很多个班的班主任，培养出一个个优秀的班集体，三尺讲台更是我贴近教学、不断追求专业发展的圣地。我每年坚持给学生们上课，包括品德、历史、语文、数学等。我一方面要做行政工作，另一方面又要教不同课程，也会出现时间冲突的问题。但是，我坚持用自己的方法提高对时间的使用效率，让自己不脱离课堂教学。这也是为什么学校的老师们常说我有分身术，总能协调好教学和行政工作。同时，我每年也接触不同类型的问题学生。我本着育人最基本的要求，从不放弃每一个学生。我愿意做学生的护花使者，关心、爱护、引导、陪伴每位学生的成长。

镌刻在宣传画上的集体回忆

每年，我几乎都担任班主任。我亲自处理学生矛盾、家访、主持集体活动，各项工作我都尽力做到最好。学校的老师们看在眼里，不知不觉也受到影响。

他们常常跟我打趣说："杨校长，您年年当班主任，都能够带出优秀的班集体。您的前进步伐让我们有点望尘莫及啊！看来我们得去暗访一下您带的班级。"我会微笑着说："我们大家一起共同努力，把每一个班级带好，这样整个学校不就都越来越好了嘛！"

担任班主任能够让我更深入地了解学生。同时，担任班主任也能够让我在教师之中起到引领作用，带动他们不断努力。班主任的工作经历丰富了我的知识结构，让我能够更自信地应对今后的教育工作。回想起自己带过的许多学生，他们带给我的不仅仅是青春与活力，还有师生之情、作为一名教师的专业成长……

让我印象深刻的是 2006 年我所带的六年级一班。当时，我是棠澍小学校长，还兼着六年级一班的班主任。这个班的同学们的面孔不仅深深地刻在我的记忆里，也印在了花都广场"创建教育强区"的宣传画上，见证了我和学生们一起成长的岁月。每次路过花都广场，我都会细细欣赏那幅画，一张张稚嫩的笑脸朝气蓬勃，现在他们都在祖国的各个领域发光发热了吧。

在这个班里面，我遇到过有性格缺陷的学生、残疾学生和生活习惯不良的学生。有一次，我打算接收一个来自福利院的学生和一个心理自闭的孩子时，遇到了老师们的反对。

"杨校长，我最近了解到学校要接收两个特殊学生。我想了很久，决定来和您说说我这几天的想法。对我们老师而言，我们主要面对的教育对象是身心正常的学生。而且，许多学生来自全国各地，文化差异之大已经让我们老师头疼了。而对身心缺陷的学生就更没有什么教育经验了。对于我们这些体育、英语老师而言，真的很难教好这些学生。"教体育的陈老师边说边皱着眉头。

这时，跟着一起来的教英语的吴老师看着陈老师停下来，就搭上了话："杨校长，我觉得陈老师说得挺对的。虽然我们不是那两个学生的班主任，但是我们作为专科教师，平时也会教这两个学生。万一学生在上课时出现身体或心理问题，我觉得我处理不来，也担不起责任。"

面对老师们的疑虑，我想起了孔子"有教无类"的思想。尽管这些孩子在身心方面存在一些问题，可是他们也和其他孩子一样，享有平等受教育的权利。作为一名教育者，应该有像孔子一样的教育情怀。此外，我可以请教专业人员来教育这些特殊学生。于是，我决定坚持自己的做法。

"两位老师放心，既然我接收这两位学生到我的班级，我就会尽力引导他们。同时，如果你们在今后遇到什么难以解决的问题，随时找我，我会第一个冲到前面去处理难题的。请相信我，也请相信他们会在课堂上表现得越来越好。"

两位老师听到我这番话，沉默片刻之后，打消了疑虑："既然杨校长您都相信能教好他们，我们也只能尽力而为了。"

顿时，我感到一种强烈的使命感和动力，内心默默地立下了目标。起初，面对这些存在大大小小问题的学生，我也有不知所措的时候。我常常在深夜不断查阅相关的资料、咨询专业人员，充分了解这些学生的问题和解决方法。万籁俱寂，只有桌上的一盏灯陪伴着我，可是我的心是暖的。我急切地想把内心的温暖传达给他们，让他们在学校里感受爱、分享爱。

除了身心的差异，这个班级的学生还有文化上的差异。他们来自全国各地，有的来自山西，有的来自浙江，有的来自广州……许多学生在六年级之前就转学来到棠澍小学。面对这样参差不齐、文化差异如此之大的学生，作为班主任的我感到很棘手。每天，学生们会因为大大小小的矛盾而拌嘴、打架。

"老师，她把我的作业本撕了，害我交不了作业！"

"报告老师，小林又嘲笑陈山，两人打起来了！"

"老师，今天我们组的张鸣同学又没有交数学作业！"

教过这个班的教师们也常常向我反映班里的学生不团结、不努力。这些大小事情让我应接不暇，常常为之头痛。

当我为班级的学生问题所困住的时候，我又急切想要冲破这一困境。我认识到，不能再这样停留于问题表面，应该找到问题的根源。从我多年的班主任经验来看，我理解班上同学频繁出现矛盾都是因为班风建设出现了问题。可是，如何能让这些千差万别的学生拧成一股绳，塑造成一个有凝聚力、积极向上的班集体呢？深夜时刻，万籁俱寂，沉闷的空气让我有些喘不过气。走到窗前，望向那遥远的天空，星星点点，有明有暗。

我想，这么美丽的星空，不正是由明暗不同的星星点缀而成的吗？一个班集体，也正是由于个性、文化等方面的不同，才更能展现它的多姿多彩。顿时，我豁然开朗，要形成一个班风良好的班集体，就要同时培养班集体的凝聚力和发展学生的个性。

于是，我决定抓住日常的细节来重建班集体。2006 年 11 月，秋高气爽，学校即将举行一年一度的校运会。我心想，培养班级凝聚力的时机来了。在班会课上，我向学生说明了今年的校运会，"同学们，下周五我们学校将要举行运动会了，可以参加的比赛项目有跑步、跳远、团体篮球、跳绳……"还没等我讲完，学生们就像小鸟一样，开始叽叽喳喳地讨论起来。

看着学生兴奋的样子，我又说："同学们，校运会是一次展现你们运动风采和为班集体争取荣誉的活动，我们需要好好准备这次活动。我们可以把全班同学分为运动员组、啦啦队组和物资准备组。大家觉得怎么样？"

"老师，我想去啦啦队组！"

"老师，我要去跑步，拿第一名！"

"老师，我可以陪跑！"

班级气氛活跃，我抓住这个契机，采用了自荐和他人推荐相结合，对学生们进行了分组。同时，向学生们说明了每一组的任务。学生们开始行动起来，每个小组都认真讨论着运动会的活动和安排。我暗暗期待着学生们那天的表现。

校运会当天早晨，我来到了学校的操场。放眼望去，学生们已经早早在操场的一角等着我了。我对他们说："这是一次难得的比赛。我们全班同学都在这里了。无论你是即将参加比赛的小运动员，还是做幕后工作的小工作人员，我们都要记得，我们是一个集体。今天，我们要一起肩并肩为我们的班集体争光，好吗？"

"好的！"学生们异口同声地答应，声音在操场上久久回荡。之后，每个学生按部就班，都在为班级的同一个目标忙碌着。运动员组的成员们早已在比赛场地准备就绪，啦啦队组的成员们拿着花球和拍拍手跟着小运动员们，物资准备组的成员们则负责递水、拿毛巾等。随着"砰"的一声枪响，400米赛跑开始了！我们班的郑浩同学开始迈大步往前冲。紧接着，啦啦队组的成员们开始欢呼起来："小浩加油！小浩加油！"我也不知不觉陪跑起来。在人群中，我还留意到了曾经和小浩因为座位问题而互不搭理的小志也在为他努力地加油。

看着一路陪跑、一路欢呼而大汗淋漓的学生们，我感受到了他们是一个团结的集体。当小运动员参加完比赛之后，就连平时在班级有"懒大王"外号的小王同学也帮着给运动员们递水、拿毛巾。在这次活动中，学生们彼此之间的距离终于拉近了。

在班级内营造团结的气氛之余，也要让每个学生都焕发各自的光彩。在我们班上有一个腿部残疾的学生小园，她平时沉默寡言，学习成绩在班里处于中下位置。班里还有其他和小园一样学习成绩不太理想的学生。我想，应该发挥班集体的作用。我在班里设立一对一的学习合作模式，专门请与小园要好的一个学生和她搭对。对于学习成绩进步明显的学生对子，我会在班上及时表扬。这样下来，学生们互相帮助和学习的氛围更加浓烈了。后来，小园的成绩逐渐提升，人也变得开朗多了。在参加小学升考的前一天傍晚，她拖着沉重的双腿，轻轻地走进我的办公室，给我送了一束用纸制作的粉色玫瑰花和一张纸条。还没等我反应过来，她说了一句："谢谢老师！"就扶着墙壁，往门口迈去了。

纸箱上写道："杨老师，我想了很久很久，还是想给你写信，要不然我就没有机会了。我很感激自己能转学到一个这么好的班级。在这个集体里，同学们帮了我很多很多。我的数学不好，他们就给我讲题、帮助我理解。在上体育课的时候，我走路慢，他们就一点点陪我走。我感受了我们班的温暖，我舍不得离开他们，更舍不得离开你！你为我和我们班付出了很多。我都看在眼里，感激在心里。真的谢谢你，我亲爱的班主任！"

一个班集体就像一个家，而我始终以班主任的身份维护着这个"家"、引导着每一位学生的成长。这个班的凝聚力逐渐增强、学习气氛也活跃起来。某个同学遇到困难，大家都争着帮助。

班里的学生们也积极参与各种竞赛，都希望能够为集体争取到荣誉。这个班的其中一个主题班会《祖国，我爱您》还获得花都区新华街道评选的主题班会一等奖。此外，这个班的学生还参加过很多个人比赛，硕果累累。这些孩子积极、热心、努力进取，让我备感欣慰。2007年5月，这个班被成功评为广州市先进班集体。当我把这一激动人心的消息告诉学生们时，他们个个都欢呼起来，许多学生都流下了激动的泪水。这个奖不仅象征着我和学生们为集体所付出的努力，更是对我这个班主任的鞭策和鼓舞。

图 7-1　花都区宣传画

锦旗背后的小感动

十年树木，百年树人。面对眼前一个个纯真的孩子，我常常感慨师爱的重要性！爱是一把钥匙，开启学生的智慧之门；爱是一股清泉，滋润学生的心田；爱是海上的灯塔，引导着学生驶向梦想的彼岸。这么多年，我的心始终装着对学生们的爱。正是因为爱，我看到每一个学生都活出了少年该有的活力、希望。

2017年9月10日的早上，这个属于教师的节日气氛浓烈。每个老师的桌上都堆满了学生写的贺卡，上面都用楷体字写着"教师节快乐"，我从内心由衷感恩学生们的祝福。当我还沉浸在节日带来的幸福感中时，办公室的门一下子被推开了，"您好，是杨秀红吗？这里有份快递。"我内心充满疑问，是谁一大早给我送快递呢？拆开快递一看，一束鲜艳的玫瑰花，还有一封信。看到信上面的署名，我知道是那个曾经喊我校长妈妈的学生小敏。

"亲爱的杨老师，在这个特别的日子，祝您教师节快乐！好久没有见到您，非常想念！我现在在澳洲上学，遇到了很多美好的人和事。在风景迷人的澳洲，我常常想到您给我成长带来的帮助。我多么想马上和您分享！如果没有您当初对我的帮助，也许我就不会在这里感受大学学术的熏陶和美好的风景了。感谢您，我最亲爱的校长妈妈！等我回国内，我再去拜访您，祝您一切顺利，身体健康！"

一封来信把我拉回到了 2008 年 9 月 1 日……

阳光明媚，绿树成荫，学校前面的马路上熙熙攘攘。学生们面带笑容，在家长的带领下，像小兔子一样蹦蹦跳跳地走进校园，迎接新学期的第一天。

在涌入校门口的学生之外，角落里一个娇小的女孩却格外引人注意。她死死抓着棠澍小学校门外的铁栅栏，她身边的爸妈、爷爷、奶奶拉她的胳膊，劝她乖乖进校门，可是这女孩不为所动，一步都不愿意挪动，似乎在用尽生命的力量拽住铁栅栏。

这个女孩就是小敏。当时，她的哭喊声牵动着我的心。"我们真的想尽各种办法来鼓励孩子上学，转了很多次学，都没用。有时候想想我们都觉得自己快承受不下去了……"她的父母眼里含着痛苦的泪水，而小女孩在栅栏前更是大喊大哭。

在来到学校之前，小敏已经被医生诊断为"学校恐惧症"，表现为害怕上学、害怕读书。每次去学校，她的情绪反应强烈、变得焦躁不安，吵着要回家。而不去上学时，她各方面都表现正常。正是因为这个问题，小敏已经转过几次学，仍然不想上学。她的父母几近绝望，后来听一些老师说棠澍小学的"风水"好，学校氛围适合孩子成长，于是决定把孩子送到我们学校来。看着挣扎在校门口铁栅栏边的那个弱小身影以及家长绝望的面孔，我深感自己责任的重大。既然这个女孩已经成为我们学校的学生，我就有责任帮助她早日摆脱这一困境。对我来说，每一个学生都是天才，关键在于教育者是否愿意倾注心血去培养他们。作为一名校长，更是一名教师，我不能放弃对每一位学生发展的培养。

为了帮助小敏尽早摆脱这一心理问题，我主动去小敏的家家访。小敏的家就在棠澍小学附近，她是家里的独生女，家长对她倍加疼爱。她的家长告诉我，在她上小学一年级的时候，她亲眼见过老师体罚学生。之后，她就经常害怕被老师惩罚，嘟囔着不去上学。在家访的过程中，我感受到了小敏对家人强烈的依赖和对学校环境的不信任。如果再这样继续下去，也许这个女孩会渐渐脱离社会。我多么想帮帮这个可怜的孩子。

家访后的第二天，我专门向一个做心理咨询的朋友请教，了解如何治疗学生的"学校恐惧症"。和学校老师们开会的时候，我向老师们征求意见，从而制订出帮助这个学生的方案。我决定在日常生活中发动其他教师和全班的学生，多给予小敏关爱和照顾。我的一个口号是："多给一分爱，就是多一分希望。"教师和学生对这个口号已经耳熟能详了。

在班级活动过程中，我会鼓励她、引导她参与到活动中来，比如学校运动会、书法比赛活动和班级黑板报设计。有一次，我在上课的时候，向大家倡议参与六一儿童节的画栏设计。在学生们的热烈讨论中，我注意到小敏的小眼神。她的眼睛盯着旁边正在热烈讨论的同学们，手拿着笔在桌上比划起来。虽然小敏一言不发，可是我能感觉到她想参与进来。于是，在课下，我主动和她聊天。

"小敏，你在学校玩得开不开心啊？"

一开始，她沉默不语，似乎对我还是比较陌生。于是我继续和她聊天："我听你们班的英语老师说了，你最近还主动参加到英语游戏中来。

你真棒啊！"

"嗯……老师让我参加进来了。"

她终于开口了，我接着说："课堂游戏是不是挺好玩的？我以前读书的时候也经常参与课堂游戏，感觉特别有趣！最近，还有一个更有趣的活动，就是要在我们的画栏上画画，为六一儿童节做准备。你想和其他同学一起画画不？可以把你的想法都画出来，怎么样？"

小敏想了片刻，最后点了点头。我内心感到高兴，这个孩子慢慢愿意融入这个学校了！我答应画画的第一天陪着她，她也点了点头。那天，她真的和其他同学一起去画画了。看着她认真在画栏上忙忙碌碌、偶尔和其他同学说说话的时候，我也笑了。猛然，她回头了，给了我一个微笑，似乎在告诉我，她很开心。

当然，小敏有时也会念叨着想家。她会偷偷走到我的办公室，徘徊在办公室的电话旁边，显得有点局促不安。"小敏，怎么啦？老师有什么可以帮到你的吗？"经过我的耐心询问，她会告诉我想法："老师，我有点想家……"我多次引导她，希望她能逐渐摆脱对学校的恐惧症。

终于，功夫不负有心人！这个女孩到了我们棠澍小学之后，情况开始好转。在学校里，经常能看到她和其他学生一起跳绳、读书。她不再经常去办公室打电话给她家人说要回家了。"你是我最喜欢的校长妈妈！"她经常脱口而出的这句话让我倍感欣慰。学校的教师们也看到了小敏的变化，常常说："我们这个学校采光好，通风好，'风水'好，适合养人。"这个学生的转变也让她的父母看在眼里，高兴在心里。家长来学校接她的时候，总不忘跟我说一声谢谢。看着家长满脸喜悦、小敏露出灿烂的笑容，我内心为小敏的好转感到开心和欣慰。

挂在办公室的一面锦旗正是小敏的家长送的。当时，家长泪眼模糊，对我说："原本我只想得到一缕春风，但您却给了我整个春天……"

在教育小敏和更多像小敏一样的孩子上，我只是尽好教师的责任。

我从未想过自己能给她一片春天，我只想着每天都能如春风般感化她、温暖她……

图 7-2　课下与学生倾谈

坚守讲台，勿忘教师梦

对于一个演员来说，舞台是展现精彩人生的圣地。而对于一名教师而言，三尺讲台则是实现人生价值的圣地。利用课堂，教师可以感受教学的真实情况，践行教育的新理念、新方法。而放弃教书，一切教育理念就如同阳光下的泡沫，再耀眼也转眼就破，虚幻而不真实。回顾二十多年来的教育之路，一幕幕如同电影般回放，粉笔、黑板、学生、教室已经成为我生命的印记，简单却充实。

12 月的广州，让人开始感受到初冬的气息了。窗外的树枝稀稀拉拉，枯黄的叶子掉了一地。一阵阵的风吹来，让人渐生凉意。此时，棠澍小学的操场上空无一人，却能听到教室内学生的读书声、教师的讲课声。六年级三班的教室气氛非常活跃，学生们争先回答问题。

"同学们，早上好！上课前，老师想考考大家，有一项被誉为'世界第一运动'的体育项目是什么？"

"足球！"

"真棒！足球运动深受世界各国人民的喜爱，我相信大家也很喜欢，对不对？尤其是每四年一次的世界杯，更是吸引世界各地的球迷，让他们为之疯狂。下面老师就带大家看一组 2014 年世界杯足球赛的图片……在这次世界杯比赛中，老师还发现了一个秘密。同学们请看视频，我们一起来找找看……同学们，你们发现的秘密是什么？"

"我发现了在世界杯比赛里面，很多展示的商品、交通工具都是中国制造的！"

"说得真好！同学们，在巴西举行的世界杯比赛上有很多中国制造的商品，我们一起来看看。他们脚下踢的足球就是产自我们中国的深圳。还有，他们手上挥舞的国旗产自我们中国的浙江。他们的吉祥物福来哥也是产自我们中国的，不信大家读读它的商标上的'Made in China'是什么意思？"

"中国制造！"同学们异口同声地回答。

"真棒！今天我就跟大家一起来研究一下中国制造。课前同学们都对家用电器和农产品进行了调查，请说说它们的名称和产地。谁来回答一下？好，一个个来，请你来回答一下。"

"我发现我们家里使用的空调产地基本是佛山顺德的，微波炉的产地是广东中山的……"

这是一节什么课呢？同学们表现如此积极？这是小学六年级品德与社会课程中国制造。每年给六年级的学生们上这一节课的时候，我都倍感兴奋。我会变换上课的方法，让每一年的中国制造课富有新意。学生们总是对我所介绍的中国制造的产品感兴趣，他们都想向同学们介绍自己家乡制造的产品。而我，很喜欢与学生对话，了解学生们的想法，引导他们对中国制造有一个深刻的理解，培养他们为中华之崛起而读书的志向。

图7-3　"中国制造"课堂

时代在不断地变化，学生们的需求也在变。作为一名教师，需要紧跟时代和孩子发展的脚步，着力于更新课堂教学。在每一年给学生们上品德课的时候，我都会采用新的教育思想和方法。例如，在教授"中国制造"这一课的时候，我会把当前中国科技创新和经济贸易的情况运用到课堂中。我也会采用小组角色扮演、辩论等新方式，让学生能高效和有兴趣地学习。作为一名校长，我需要承担更多的责任。但是，我从来没有离开过教室、没有离开过学生。

在每次上课之前，我都会认真钻研课本，设计出更完美的课堂目标与方法。我曾经给学生上《他们需要关爱》这节课。在这之前，世界残疾英雄尹小星正好来我校做讲座，这个讲座向学生们讲述了残疾人凭借坚强的毅力克服种种困难的故事。在听讲座的过程中，有些学生感动到落泪，但有些学生却认为故事滑稽、搞笑。因此，在上《他们需要关爱》这节课的时候，我就提前给学生布置了一个作业，让学生模拟自己见过的残疾人，为上课做好准备。学生们非常感兴趣，有的模仿盲人用手帕把自己的眼睛捂住，有的模仿一只手或者一只脚坏了的残疾人用手巾把自己的手或者脚绑住。在上这节课的过程中，模仿盲人的小朋友连简单的从讲台走到自己的座位都足以用"惊心动魄"来形容了，而其他学生也真实地感受到自己作为一个"残疾人"的艰难和不容易！通过让学生模拟现场，学生们学会了关心、爱护残疾人，不再嘲笑他们。

从教二十多年来，我上过许多不同种类的课，例如品德、历史、语文、数学等科目。2012 年至今，我主要给五、六年级的学生上品德与社会课程，每周的课节数约为 6 节。在我的课堂上，我感觉每个孩子都像一个个精灵，配合着我的节奏，在智慧和梦想的森林里翩翩起舞，焕发出青春年少的光芒。而我自己，在这些课堂上，实现了一名教师的价值。

尽管时代赋予校长的角色越来越多元化，但是校长最基本的角色之一就是一名专业教师。作为校长，我时刻都在提醒自己不忘初衷，牢记使命。不忘的是自己最初那一份为教育而奉献终身的情怀。我常常想起陶行知先生说的"捧着一颗心来，不带半根草去"。作为一名教师，要具有奉献于教育事业的伟大精神，牢记教师的教书育人使命。尽管我身上肩负的责任越来越大、承担的角色越来越多，但是，做好教书育人工作才是我最真实、最根本的追求。

第八章　一花独放不是春

遇到难上的课，别紧张，让我试试。

——杨秀红

傍晚的天空，千奇百怪的云朵明暗交织着，形状千姿百态。太阳早已躲到山的那一边休息去了，只留下了一抹余晖。忙碌了一天，人们步履匆匆。花都迎宾大道的灯一盏接着一盏亮起，照亮了每一位归途者的心……我开完上级教育部门的会议之后，一路赶着回棠澍小学，只因我和老师们的约定。走进棠澍小学，操场上早已没有了学生的喧闹声，显得格外空旷和安静。夜色逼近，给整个校园罩上了一层薄薄的黑纱。沿着路往办公室的方向继续走，只听得见自己的脚步声，咯噔咯噔……远远望去，办公室的门口似乎挤了一群人，我加快了脚步。"杨校长，您终于回来了，我们等着您帮我们改教案！""杨校长，辛苦您这么晚赶回学校来帮我们了！"原来是学校的老师们啊！有英语科组的老师、语文科组的老师、数学科组的老师、美术科组的老师……他们手上都拿着书本和笔，一个个排着队站在我的办公室门口。看着他们略带疲倦却挂着笑容的脸，我感到有点抱歉。"大家今天这么晚了还在等我啊。抱歉，让你们久等了，我这就马上给你们修改教案。你们一组接着一组来。"

这是我记忆里挥之不去的一幕。2017年，我发起了校内的"棠澍杯"教学大赛，大赛竞争激烈。那天，我开完会已经是傍晚时分。让我感到意外的是，这些老师还没离开学校，他们一个个排着队在办公室门口等着我。我顿时力量满满，马上帮他们备课、修改教案。在他们参加教学大赛的过程中，我几乎跟进和引导了所有的老师。从他们的教案到课后反思，我会反复帮助他们修改，至少修改三到四次。我是一名校长，是教师的教师，陪伴、引导老师们的成长是我的职责。哪怕我只有一点点的时间，我都会在教育教学上帮助他们。

引领教师专业成长：最长情的告白

2015 年的秋天，在花都区的教学示范课上，我再次遇见了在中学时常常引导着我的教学的陈老师。

"杨老师，你好啊！好久不见你了！刚刚在示范课上，看到了你的精彩表现，让我回想起当初我们一起在中学的宿舍里琢磨教书的时光。士别三日，当刮目相看。今天的你，已经不仅仅能够教好书，还能引导教师们如何教好书。看到了你这么大的变化，我不得不感慨时光匆匆啊！"

听到陈老师的这番话，我脑海里不禁回想起了这些年教学的点点滴滴。曾经，我和陈老师他们一样，每天忙于备课、处理学生问题。我只是像现在很多老师一样，做好一名教师的本职工作。渐渐地，我发现自己不再仅仅是做好教师的工作就可以了。当我走上校长岗位的时候，就注定我要发挥在各个方面的引领作用，其中包括教育教学上的引领作用。陈老师正是陪伴我职业发展的其中一人。现在的我已经不再是一个只埋头于教学的人，还是一个尝试去引导其他教师成长的人。

当我成为校长之后，看到身边的一些变化，却也常常感到惆怅。曾经，我们一起在教师大赛上挥洒汗水、指点教师，一场场精彩的授课和点评让我们如饮甘露，"今天这场教学大赛太精彩了，张老师采用的教学方法可以运用于低年级的数学教学，袁老师选取的内容比较新颖、有趣味，我们可以请教他们是如何获得这些材料的……"

教学活动结束之后，我们常常在回家的路上细细回味、互相交流。

而现在，他们和我一样更加忙碌了，常常会和我半开玩笑地说："杨校长都忙着听课、评课，也不和我们聚聚、聊聊天了。"他们忙于开会、处理学校教职工事宜、应酬外来人员。当我拖着疲惫的身体却精神亢奋地为教师们备课、评课的时候，他们则被这些行政事务所淹没。

那么，校长到底该是怎样的引领者形象？一次公开课让我深刻反思。在一次花都区的小学公开课上，花都区各个小学的校长参加了这次公开课的评课。当时，教室里坐满了来自各个小学的老师。一位年轻的数学老师刚上完示范课，有一位校长就站起来给予点评。

"我们常说教学仪态很重要，我觉得你全程都不微笑不太好。另外，从你身上，我很难看到你对教学的热情。"听完这番话，教室里的老师们都安静了下来。

这位教师顿时脸变红了，牙齿轻咬着嘴唇，欲言又止，"张校长，您好。感谢您的意见。我觉得在这种场合下，我有点紧张了。但是，我认为我是有教学热情的。我想听听您对我教学技能这一块的评价。"校长顿时有点语塞了，支支吾吾说不出什么来。整个公开课的场面非常尴尬。

当我听完这位校长的评论和教师的反馈，我能够感受到这位校长在评价教师教学上的空泛、无力。如果从仪态上就说这位教师缺乏教学热情，是否有些以貌取人？这位校长是否真正从专业的角度给予了年轻教师指导？

那天，在回家的路上我不禁反思自己是否存在同样的问题。我是否真正让教师们对我在教育教学上的指导感到信服？我是否真正起到了引领作用？这些问题萦绕在我的脑海里，提醒着我不断完善自己、扮演好教师领头羊的角色。

我常常想起人们常说的一句话："一名好校长，就是一所好学校。"我深感自己责任的重大。校长是学校发展的顶梁柱，要支撑起整个学校、教师群体的发展。试问，一个从来不上示范课、不懂评课的校长是否能带领教师队伍发展？在我担任校长期间，每年都有校内外的公开课、交流课或教学大赛。老师们常常处于紧张状态，忙着准备比赛。有时，我忙完工作事务都已经是傍晚时分了。但是，我还是去办公室向他们询问是否需要帮助。我觉得他们也像学生一样，也是学校的孩子。他们的成长也需要陪伴和引导。

"校长，您终于有空过来了，我想请教您关于高年级品德课的教材内容选择。""杨校长，我觉得我仍然把握不住课堂环节设计这一块。""杨校长，作为新教师，我觉得自己在公开课上备感压力……"我每天几乎都会与老师们交流，倾听他们关于教学的心声。只有充分地了解他们的想法，我才能更好地帮助他们。我想，陪伴、引导他们的专业成长就是我作为一名校长最长情的告白。

一起备课

2017年3月，广州还处于冬天的余寒中，细雨点滴，雾气缭绕，整个羊城就像一个穿着白纱的女子，有着一种娇柔冷艳的美。路上的紫荆花三三两两地开了，朱红的、粉的、白的，点缀着灰白色的天空。树木冒出了绿芽，尖尖的头上挂着晶莹剔透的小水滴，似乎在向人们昭告着充满生机与活力的季节到来了！开学不久，棠澍小学就紧锣密鼓地准备着校内的"棠澍杯"教学大赛。3月24日，在经过了22天的大比武之后，整个学校进行了新一轮教学大赛的抽签。大家都很紧张，不知道自己是否会被抽去参加比赛。

"啊！我中奖啦！这比六合彩还好运。"

在会议室，大家都望向了声音传来的方向，紧接着都笑起来了。原来，美术科组的王老师被抽中参加"棠澍杯"第一轮的教学比赛。他参加比赛的课题是《美术岭南版教科书》的六年级下册的第七课《我们的爱牙日》。

在教学比赛当天，王老师上去讲授这一门课。她采用"先学后教"的科学课堂模式。在课堂上，她引导学生采用合作学习方式进行学习汇报，通过加入微课的视频给学生做示范。在一节课中，王老师呈现了课题的所有内容。

通过听她的课，我总感觉这堂公开课是在尽量压缩教师"教"的时间来增加学生"学"的时间，使得整节课的时间安排很紧张。我还发现王老师对布卢姆的目标教学理论缺乏正确的运用，这堂公开课似乎想把所有的内容都教授给学生。

实际上，正如布卢姆提到的，一堂课不能仅仅局限于初级的认知目标，而应注重高级目标的达成。高级目标的达成更能激发学生的思维，从而培养学生的思维能力、观念和自我评价体系。当王老师从讲台上如释重负般走下来时，我沉思了一下，表情严肃。

"今天听了《我们的爱牙日》这堂课，感谢王老师的授课。但是，我在这里提几点看法。我发现这堂课就像一个'大杂烩'，课堂主题不清晰，什么都想体现，结果什么都没体现出来。"

"杨校长，感谢您的点评，我一时还不能完全消化。今天这次上课让我有点受挫。我跟在座的参加'棠澍杯'的老师们一样努力，以为能够拿到好结果。但是，现在听了您的评价，我感觉有点失落！"

看到王老师沉重的眼袋和沮丧的脸庞，我能感受到教学大赛背后老师们的不容易，心疼他们的付出。但是，我心里明白这是为了帮助他们提升而采取的措施。

"没关系的，通过这种大赛的形式，我们大家都可以学着把课上得更好。要相信我，更要相信你自己。一堂优秀的好课，绝非偶然，而是精心设计的必然结果，其背后需要一套科学系统的理论来做支撑。我们重新来看你所教的《我们的爱牙日》。它所呈现出来的模式是：认知—理解—运用，这其实属于低级技能的范围，往往适合低年级学生。而你的教学对象是六年级的学生，作为高年级的学生不应该再重复低年级学生的学习模式。我建议你把学法定位在'交流与评价'的高级技能上，把美术课堂的目标从低级技能向高级技能进行转变非常重要。"

在这次公开课上，我引导王老师补充教学的相关理论，合理利用布卢姆的目标教学理论，把美术课从低级目标向高级目标转变。听完我的一席话，王老师默默地点了点头。对我而言，学校里的每位老师在专业成长上都拥有学习和接受指导的平等权利。尽管她是我们学校的一位代课老师，我依然一视同仁，不放过每一个可以帮助到她的机会。

在接下来的日子，我决定帮助王老师备课。我让王老师按照我给的意见修改教案。3 月 27 日下班之后，王老师和她的备课组长刘老师来到我的办公室。当时，我还在帮语文和数学科组的老师修改教案。我请王老师等我一下。时间一点点过去了，我只记得自己不间断地和几个科组的老师们讲解如何选择教学内容、选择教学方法……我感觉自己的喉咙变得很干，声音越来越小了。到了 18 点 12 分的时候，我终于给两个科组的老师备完课了。

"来，轮到你们科组了，我已经查看了你们发来的教案。我发现学案中'自学提纲'的设计不太恰当。美术课堂的学案不应该设计那么多内容，应该给框架做做'减法'，给孩子们减减压。在备课的时候先把学生的'学'处理好，之后再来相应完善教师的'教'。我这里有关于美术课的优秀教学设计案例，你们可以拿回去参考一下，对你们的教学应该会有一些帮助。"

"感谢杨校长提醒了我。的确，为了实现高级技能目标，我把知识点罗列出来，但是忽略了学生在面对这份学案时可能会产生的心理反应。我稍后会再修改的。"

通过一次次对王老师的指导，我发现王老师的教学思路更加清晰，教案越来越完善。我似乎看到了又一位教师往前迈出了一大步。关上学校的大门，我发现已经是晚上九点多了，该回家了。抬头看看，美丽的星空啊，充实的一天让我的内心亮堂堂的。

3月28日，我又陪王老师进行了第二轮备课。我引导着王老师对学案中每一个问题的设置进行排查，包括专业知识的逻辑关系等。

3月29日的清晨，一睁开眼，我做的第一件事就是打开电脑。我再次阅读了王老师发来的方案，帮助她进行最后一轮备课。这次我主要从细节引导王老师完善课题方案，包括方案的句式、句法，力图做到完美。

3月30日，第二次公开整改课如期开展。王老师根据准备好的教学方案授课，整个课堂的气氛十分活跃。根据课堂的结果反馈，学生的学习效果也非常显著。我对这堂课的点评用了"颠覆"两字，既惊喜又感动。经过了多次的备课，王老师的这堂美术课终于通过交流与评价的课堂模式，让学生发现问题还学会解决问题，实现了美术课堂从低级技能向高级技能的转变！这堂课在雷鸣般的掌声中圆满结束。

后来，王老师在参加花都区教师招聘的时候，把布卢姆的目标教学理论运用到美术课试讲中，成功打动了评委。她还给我发来一段长长的信息。看到这个，我又想起了那些帮王老师备课的夜晚，多么充实和令人难忘啊！

"尊敬的杨老师，晚上好！今晚棠澍的同事告诉我我的课例获奖，我激动得红了眼眶，因为这个奖状背后，是您的'棠澍杯'带着我们大家前进的岁月，对我来说这是件既幸运又美好的事情。虽然过程对我来说很煎熬，但没经历这段岁月，也许就没有现在的我。所以，我想跟您说声感谢！愿杨老师您一切如意。我终于拿到三年来梦寐以求的广州市一等奖与优秀辅导老师，我多想这些成绩是带领您学校的学生获得的荣誉，可惜造化弄人……"

图 8-1　与年轻教师一起备课

　　我担任校长十多年来，经常指导老师上课。我常常反复修改老师们的教案，希望老师们的课能上到最完美。这些老师在我的指导下，也非常认真和勤奋，最终硕果累累。我指导过的江艳芳老师上的《兰兰过桥》一课，在小学语文发展与创新教育课题首届研讨会上获一等奖。我指导过的焦桂湘老师上的《菊花石》，在全国小学语文发展与创新教育第五届研讨会上获得现场上课竞赛一等奖。看着老师们的付出终于得到回报，更重要的是在专业发展上不断往前推进，我坚信自己的做法是对的。作为一名校长，引领教师们不断成长、不断进步是正确的选择。

示范课上，我和老师同成长

　　从专职教师走到校长这一路上，外面的舞台再辉煌灿烂，也不及学校三尺讲台让我真正做回一名教师、一名引领者所带来的专业魅力。这些年，我坚持每年给老师们上示范课。

　　很多人曾跟我说："校长就是学校的代表，只要管好学校、管好老师就行了。"但是，在我看来，一个校长如果只做好"管家"的身份，并不能够让人信服。一个校长不仅要在行政管理上做出领导风范，还应该在教学上起到引领示范作用。对于我来说，上示范课可以展现我作为一名教师的上课风范，把当前先进的教育理念、教育方法融汇于我的课堂中，为其他教师提供学习的榜样。这些年，我上过多门学科的示范课，包括语文、英语、数学、品德等学科，都得到了上级领导和教师们的支持和认可。从我个人的角度来说，上示范课是提升我作为一名教师的专业水平的重要途径。在每次示范课之前，我都要搜集教学的各种资料、认真设计好教案，争取上一堂完美的课。可以说，上示范课的过程也是我专业成长的过程。

在棠澍小学的时候，校内有教师公开课，我会定期给老师们上示范课。2010 年，我们花都区有一个科学课堂，这是一个让我能够给教师们上示范课的契机。我牢牢抓住这次机会，希望能够给学校的教师们一些启迪。我曾经上过一门小组合作的示范课，目的是向教师们传授小组合作教学模式。这种教学模式可以培养学生自主学习的能力、提高课堂教学效率。在此之前，老师们对小组合作教学的认识不够深刻。

"杨校长，我觉得小组合作教学是一个高效教学，既能提高课堂效率，又能提高学生自主能力。但是具体要在课堂上怎么操作，我觉得还是有点困惑。"老师们纷纷反映这样的疑惑。于是，我决定亲自给老师们上一堂小组合作课。

"我认为小组合作教学值得在校内开展。下星期一，我会给你们上一堂小组合作教学的课。到时，我们一起讨论。"

立下了这一面"小旗帜"之后，我暗暗地努力准备着，希望能够给教师们呈现一堂真正的小组合作课。

一周的时间很快过去了，约定的时间如期而至，我精心准备了一堂示范课《穷人》。在课堂上，我对学生进行了分组，通过确定各个小组的任务，学生在小组中不断增进知识、深刻理解了这堂课的思想。课堂学习结束之后，掌声一片。

"杨校长，只有通过您的课堂我才真正了解到小组合作教学是如何开展的。今天又从您身上'偷'到经验了，我们都该好好回去备课喽。"

一位老师半开玩笑地说着，大家也跟着笑了。看着他们频频点头，我感受到他们满载而归的那份喜悦。顿时，我也感到格外满足。

图 8-2　科学课堂课例研讨

"棠澍杯"大赛中的成长点滴

在日常中，我会给教师们上示范课、帮助教师备课、修改教案。但这并不是引领教师专业成长的唯一途径。我身上承担的责任越来越重，不再像以前那样每天站在讲台上给学生们上课、给教师们上公开课。在我的精力有限的情况下，我尝试通过其他途径来帮助教师们。

在我与学校教师的交流以及我的对外交流经验总结之后，我决定设立一个教学大赛，命名为"棠澍杯"教学大赛。教学大赛的目的是希望通过比赛的形式促进教学质量的提升。在教学大赛之前，我和学校的教师开了一个会议，说明大赛的具体规则：以抽签的形式，从每个科组抽取教师参加比赛。例如，从一年级语文科组中抽取一位教师代表本科组去参加比赛。如果这位教师上的课不合格，就再给予第二次上课的机会。如果第二次上课还没达到标准的话，就让这个科组的备课组长上课。如果备课组长的课还是没有达到标准的话，就让大教育组长上课。通过这种赛课规则，老师们可以学习他人优秀的教学例子。在这个教学大赛中，一些老师在改进教学的过程中感到很痛苦，但是结果表明，付出终会迎来回报。

2016 年 3 月，"棠澍杯"教学大赛正式启动。其中，有一个英语科组的郑老师被抽中去上课。郑老师是从初中学校分流到我们学校任教的，对小学的教学模式和方法并不熟悉。这个老师执着于自己的教学模式，不愿意尝试新的教学方法。当时，抽到她去上课。结果，按照比赛的标准，发现她所上的公开课是不合格的。在进一步修改教案之后，她第二次去上课，还是没有达到比赛的标准。按照大赛的规则，在第二次上课仍然不合格的情况之下，就由她的备课组长陈老师上第三次课。

然而，陈老师当时对这个比赛的规则非常不满，一脸不情愿地说："我已经跟郑老师交流很多遍了，她还是不接受我的建议去修改教案。我也没办法啊，为什么要我替她上课？"回到办公室之后，陈老师开始哭哭啼啼，嘟囔着不去上课，周围的老师们都不知所措了。后来，陈老师径直回家去了。

起初，我发起这个教学大赛，目的是为了促进教师通过大赛成长，而不是为难教师、给他们施加压力。然而，在推动教学制度化的过程中，我发现事情远远没有自己想象的那么容易。我会面临来自内外的阻力，包括学校教学条件的有限和教师们的不理解。但是，既然我是学校的"一家之长"，我就有责任去让教师们明白此次教学大赛是有利于他们的专业发展和整个学校的教学质量提升的。那天下午，我主动拨打了电话给陈老师：

"你好，我是杨校长。你最近怎么样啊？饭吃得好不好？你家孩子的感冒好点了吗？"

"谢谢校长关心，我还好，只是在面对教学大赛这件事上我心里还是有一道坎很难跨过去，觉得有点痛苦。"

"我理解你的想法。在这次教学大赛中，我感受到了你作为备课组长的艰难。你一方面要指导好组员的课，另一方面又要承受上课不合格带来的压力。这次你们组员的课不合格，按照规定是要你去上课的。可能你会觉得委屈。但是，我可以跟你一起备课、讨论。我们一起努力，向你的组员包括其他人证明英语课其实可以上得更好，我相信你可以上好的。同时，你也能和其他人交流，提升你们英语科组的教育水平，你愿意尝试一下吗？"

在她设计教学的过程中，我全程跟进、帮助她。我引导着她设计好整个教学流程，常常忙到傍晚才给她指导。陈老师看到了我的决心和努力，受我的影响，也渐渐开始认真、积极起来。后来，陈老师的公开课上得非常好，老师们都给予了充分的肯定。

通过开展教学大赛，老师们把这些经验转化为自己的知识。他们不仅懂得了如何教课，还懂得了为什么要这样教。一些老师甚至通过"棠澍杯"教学大赛懂得如何评论他人的课，专业水平得到巨大的提升。我最初的目的就是希望以赛促教，事实向老师们证明了这种活动是有利于他们提升教育教学技能和增进知识的。后来，郑老师观看她的备课组长的课之后，后悔自己当初不认真听取备课组长的意见，使得大家和她一起承受多方面的压力。她给我发了一串信息，让我明白这次教学大赛真正让老师们成长了。

"杨校长，我不接你电话的原因，一是我希望可以有一定的时间和空间成长。第二，我今天哭，是为我这个五年级团队委屈啊！大家已经陪我加班两个星期啦（每晚都是披星戴月），但是我们没有得到一句肯定。最后我还觉得特别对不起陈老师，为了帮我磨课，她儿子病了也没有及早送医院，还是放学后才去的。你教我如何心安。拜托啦！我不想再哭一场，我后天还预约专家教授看病，我不想影响情绪啦！谢谢！谢谢杨校长的关心，我可以的！再次谢谢！想想我是多么不懂事啊！真心说一声对不起，对不起杨校长和熊主任对我的用心！"

课题研究，见证老师们破茧成蝶

教师科研是教师专业成长的有效途径，通过深入研究实际的教育问题，进而深刻理解教育、有效解决教育问题。近年，随着国家对中小学教师科研的重视，我也积极参与科研活动。在不断从事科研的过程中，我深刻理解到科研对教师专业成长的强大推动作用。我在学校采取多种方式来调动教师科研的积极性，包括邀请老师们参与到我所申请的国家级、省级、市级的科研项目中。在我的带领下，他们可以展开相关的调查研究，丰富他们的专业知识、加强研究能力。同时，我也主动参与到教师们的课题中，给他们修改课题立项书、修改论文等。我会尽自己最大的力量去引导老师们参与课题，让他们在课题中获得成长。

一些老师在我的鼓励和支持下，主动申请和承担了校内外的课题研究，整个学校形成一个教师从事科研的良好氛围，让我倍加欣喜。

其中，有一位钟老师申请花都区的课题。在她承担这一个课题的过程中，我算是一路陪伴和见证了她的成长。2015年10月的一天，钟老师来到我的办公室，当时面带几分腼腆和胆怯。

我便询问她："钟老师，你有什么需要我帮忙的吗？"

钟老师的脸顿时有点红，一脸不好意思地说："杨校长，我最近想申请一个花都区的课题。我听一个外校的老师说您经常指导别人的课题和论文。我是'菜鸟'，第一次申请课题有点懵。不知道您是否愿意帮我一把？"

听到钟老师想申请课题，我内心是高兴的。作为一名教师，能够有科研的意识，同时还采取行动去争取机会，是值得支持的。于是，我说："没问题！你申请课题我非常支持，你有什么需要帮忙的尽管说。"

"太谢谢杨校长了，这是我之前写的课题申请书，可以请您帮我看一下吗？"

我接过钟老师手中的课题申请书，开始阅读起来。我发现她在申请书里对所要研究的问题并没有明确交代，研究的方法不科学，整个申请书的撰写逻辑也不太清晰。于是，我从研究问题、研究思路、研究方法等多个方面给钟老师进行了一次详细的介绍，针对她的申请书的问题提出了修改意见。在这个过程中，钟老师频频点头说："杨校长，您真是这方面的专家呀，看来我真的找对人了！"我以微笑回之："你的课题还是挺有想法的。我觉得只要你认真修改、理清思路，课题通过的希望还是很大的，加油！"

之后，钟老师很认真地按照我的建议修改。一个星期之后，她跑来办公室，满心欢喜地告诉我她的课题顺利立项了。我也替她感到开心，并鼓励她可以开始课题研究了。她开始和小组成员展开研究。她的课题以预习模式为中心展开对教师的调查、分析资料，基于相关的学习理论形成了预习模式的论文。

经过了一个月的忙碌，钟老师自信满满地把结题成果交给我看。当我看了之后，我明白了，教师在课题研究中多少会存在问题，我应该帮助他们发现问题，并不断改进。我指出："从你的预习模式来看，对于如何具体运用和在什么情况下运用预习模式解释得不够清晰。这使得你这个课题研究的实践意义不够强，别的老师很难从中学习到有用的东西。"我说完这句话，钟老师一脸茫然："杨校长，抱歉，我不太理解您说的意思……"我又再次给钟老师讲解。经过两个多钟头的讲解，钟老师开始理解了，并表示自己之后会认真修改。

很快，暑假就到了。趁着暑假的时间，我建议钟老师抓紧时间修改论文。这个假期里，我常常外出学习。当钟老师发来论文的相关问题时，我都通过电话、短信、邮箱指导她怎么进一步修改。睡前我常常在想如何帮助钟老师完善论文，毕竟这个课题能够帮助钟老师不断成长。有一天我还跟钟老师说："我昨晚睡前在想，'精读课文，提出问题'改成'精读文本，质疑解难'会不会更好呢？"当时，钟老师听了我这番话，感动到眼眶都湿润了，一直感谢我陪伴着她做课题研究，让她进步很快。

9月开学之后，钟老师最后一次让我修改了她的课题成果。之后，她顺利在期刊上发表了一篇论文。相应地，她的课题也成功结项了。看到钟老师在不断努力地提升自我，让自己变得更加优秀，我也非常高兴。

校长是教师的教师，除了做好自己作为专职教师的职责，更要带领教师们不断成长。每位教师的职业成长，就像孩子的成长一样，需要陪伴、需要引导。二十年如一日，我始终与这些可爱的教师们肩并肩，在教育的一线共同奋斗着。在他们需要的时候，我会帮助他们修改教案、课题。我忘不了夜晚棠澍小学的办公室的灯光，还有我和教师们一起努力的身影。多少个这样的夜晚之后，我惊讶地发现他们在一点点地变化。他们变得更加优秀、自信了。今天，他们能够如蝴蝶般在教育的森林里翩翩起舞，在经历多少风雨后，我见证了他们如蝴蝶破茧那一刻的华丽蜕变……

第九章　让研究成为一种习惯

我习惯研究问题，而不是被问题带得团团转。

——杨秀红

2015 年 10 月的一天，棠澍小学的 201 教室早已坐满了老师。只见一位白发苍苍、面带微笑的老人站在讲台上，声音浑厚，正滔滔不绝地讲着课："布卢姆认为教育目标应该分为三个部分，分别为认知领域、情感领域和动作技能领域。其中，这三个领域又可以再继续划分为不同等级。在教育上，我们要结合学生的发展状况、课程特点选择相应的目标，而不是盲目确定目标……"我如饮甘露般地听著名心理学家皮连生教授对布卢姆的教学目标分类理论的讲解。原来课堂的教学目标划分可以如此科学！一下子豁然开朗。今天的这一课多么宝贵啊！顿时，我欣喜若狂。听了一天的讲座之后，我急匆匆回到办公室，开始整理白天所做的笔记。如何把布卢姆的教学目标分类理论用于课堂教学中呢？是否可以设计出基于布卢姆的教学目标分类理论的不同学科教学模式？为了探索这些问题，我彻夜未眠。尽管身心俱疲，我的眼前却似乎闪现了一道光，正照耀着我的探索科学教学之路……

当时，皮连生教授来到我们棠澍小学，参与科学课堂研究。我在听皮教授讲课的过程中，认识了布卢姆的教学目标分类理论。终于，经过了几个月的钻研，我建构出基于布卢姆的教学目标分类理论的多个教学模式。我在教师内部发起了对这种教学模式的学习。一个学期下来，棠澍小学的教学质量果然得到了提升。

我想，校长作为一名专业教师，更应该是一名研究者。只有不断学习、研究，才能在学校管理中发现、解决各种问题，才能当好教师的引路人。

只顾低头走路还是仰望星空?

从教多年，每天我都会面临来自各个方面的问题。

"杨校长，我们招收了这么多特殊学生，该怎么教啊?"

"杨校长，我们课程组按照培训和经验，设立了相应的教学目标，可是课堂的教学效果并不明显，该怎么办呢?"

"杨校长，我们要如何创建属于学校的特色文化呢?"

我常常陷入这些现实的教育问题中。于是，我投入到解决这些问题中，遇到一个问题就解决一个问题。然而，我发现问题总是不间断的，甚至重复发生。面对这一个个循环往复、频频发生的问题，我有时觉得自己就像在大海中漂泊着。前方的迷茫让我感到懈怠。为什么总是解决不了问题呢? 到底怎样才算是解决问题呢?

秋天的夜晚，窗外的树叶飒飒响，让人感到一丝丝凉意。此时，我的心是不定的、失落的。在一次次的课堂教学改革活动中，我们学校仍然看不到明显的效果。一方面教师们感到筋疲力尽，另一方面我还在采取各种措施试图解决问题。当我正托着脑袋静坐的时候，办公室的门被轻轻地推开了，只见门缝露出了一个笑脸。

"啊……原来是康校长啊，这么晚了您怎么还过来我们学校啊?"

"我今天也晚了，正想看看你回家没呢。今天还在学校加班啊!"

"唉，是呢!"康校长看到我强笑的脸，似乎读出了我内心的惆怅。"你最近是遇到什么棘手的问题了吗?"听到康校长这么一问，我觉得自己可以请康校长帮我出出主意。

"最近，我们学校反复出现一些问题，我采取了措施改了又改，还

125

是没能做好。真是让人想不通啊。"

"现实的问题是很多，常常让人晕头转向。但是，静下来，透过问题，研究研究背后的东西，可能会让你事半功倍地解决问题。我想，我们很多人当前只顾低头走路，不曾仰望星空。"

康校长短短的几句话，让我感触很深。我的确在不知不觉中陷入了问题的深渊，无法自拔。面对这些问题，我急切地想解决它们。然而，我却很少去思考教育问题背后的东西。正如康校长告诉我的，我们往往只顾低头走路，不曾仰望星空。

对于我们这些一线的校长或教师而言，遇到课堂教学效果难以提高、教师培训质量不高等具体问题时，我们往往想到的就是针对问题采取各种策略，而这是一种着眼于解决问题的思维，追问问题背后的东西才是我们解决问题的关键。康校长的一番话点醒了我这个梦中人，原来问题背后的东西更值得研究。渐渐地，我懂得了在平时的工作中留个心，多问"为什么"，多钻研问题背后的东西。

正是这种钻研的习惯让我逐渐搭上了科研的顺风车，迎来了思想的一次飞跃。新一轮教育热潮提倡"教研兴教，科研兴校"。作为校长的我也要做到紧跟时代和社会的脚步。我想，教学和科研可以相互结合，以科研来推动教学质量的提升。尤其当前，在那么多教育问题面前，我们也常常不知所措。但是，何不尝试放下手中的书本，给自己一些时间思考问题背后的规律呢？有一天，理论会回归到现实的教育中，成为我们解决燃眉之急的好工具。只有具备足够的科研能力，才能挖掘问题背后的规律，才能从容地应对教育实践中的问题。

在教育问题面前多钻研

每天清晨，来到学校的办公室，我喜欢泡上一壶茶，静坐几分钟。在这期间，我会取下书架上的教育期刊。一期接着一期的杂志已经把我的书架占满了，这些杂志基本都是跟教育有关的，包括《教育导刊》《人民教育》《福建教育》等。在我看来，阅读这些期刊能让我了解最新的教育动态、加强我对教育问题的认识。每天阅读让我的思想在时间的积累中愈加厚重，它总是在潜移默化地影响着我思考教育问题的方式。

渐渐地，看待身边的教育现象，我不再是一个旁观者。有时，我觉得自己就像一个狩猎者，每时每刻都在寻找新的教育问题。近些年，我除了处理行政事务之外，还教授小学多个年级的品德课。我把关注点放在品德课的教育质量上。平时，我会听校内教师的课。对我来说，课堂是一个让我向其他教师学习的机会，也是一个让我深入研究品德课教学的重要平台。我在其中发现了不少的问题。

我还记得有一位教师给小学一年级的学生上的一节课《别把花草弄疼了》。这节课由我们学校的一位年轻教师授课。课堂上，教师向学生们展示了花草的图片，之后大篇幅地说明花草是学生的朋友，不应该破坏花草。随之，课堂开展了大量的游戏活动，学生们似乎玩得很高兴。整堂课就在学生们愉快的笑声中结束了。下课之后，我问了身边坐在课室最后一排的小女孩。

"小朋友，你还记得刚刚老师的课说了什么吗？"

小女孩羞怯地说："老师说不要破坏花花草草。"

"回答得真棒！那你觉得在平时生活中要怎么保护花草呢？"

小女孩一时半会儿答不上来，支支吾吾，低声说了一句："就是不要去破坏它……"

127

我又去问了其他几个小学生，回答大体模糊。从学生们的反馈中，我似乎发现了一些问题。带着对问题的猜测，我决定定期去听一年级其他教师们上的品德课，发现品德课上存在着类似的问题。

完成一天的教学工作之后，我终于回到办公室。但是，我的心里仍然顶着一块石头，一直都没有放下。回顾近期我所听的品德课，疑惑和猜测浮上心头。一年级的学生们学了一节品德课之后，如果问他们学了这节课之后要怎么做，他们大多数答不上来。他们不知道学了这节品德课之后，到底可以做什么或者需要做什么。那么这节品德课的目标是否达成了呢？一节品德课要让学生能够在生活中培养良好的品质和形成道德行为习惯，否则这节课的目标就没完满地达成。那么，面对低年级的学生，到底该如何让他们既在品德课上获得知识，又能够在实际中践行道德行为呢？

每天下课之后，我都在思考这个问题。我感觉当前的品德课改革任务重大，一时半会儿很难有头绪。学校的老师们经常通过办公室的窗户瞄到我。和我一起致力于学校发展的林校长常常跟我说："杨校长，您怎么还不回去啊？天都黑了。"我总是微笑置之，"我还要再处理一下教学的事情。"学校的教学质量一直是我要着力提升的，我有责任去寻求问题的答案。

为了深入认识品德课存在的问题，我给自己制订了一个计划：每周听两节品德课，涵盖一到六年级不同教师教授的品德课。通过听课，我总结出了品德课上存在的一些问题：部分教师的品德课教学对于低年级的学生课堂显得生硬、抽象，而对于高年级的学生课堂又显得过于单调、简单。品德课的目标没有按照预期达成。通过实地听课，我对当前品德课的教学问题有了一个系统的认识。

在充分掌握了问题的现状之后，下一步就要立足于问题去思考如何解决了。我想起了伟人爱因斯坦所说的一句话："我没有什么特殊的才能，不过是喜欢寻根究底地追究问题罢了。"追究问题的根源对于解决问题很重要。既然抓到了一个教学问题，就不要轻易放过。于是，我查阅了大量学生心理书籍和品德课教学书籍，关键的信息我都会做笔记。看着笔记本上满满的字迹，我觉得自己每天过得很充实，离解决问题的关口似乎越来越近了。

以往的教学经验和知识储备告诉我，处于小学低年级的学生，无意注意仍然占主要地位。教师应该给学生提供有趣、生动的教学内容来引起学生的注意。如果教师没有采用恰当的教学内容和方法，学生就容易走神。这也解释了为什么有些学生在品德课上经常窃窃私语、开小差。通过不断听课，我发现低年级的品德课如果大讲道理，不给学生呈现具体、丰富的内容，这堂课对他们来说该多么乏味、无趣啊！

儿童品德的形成源于他们对生活的认识、体验和感悟。儿童的现实生活对其品德的形成、发展具有特殊的价值。我想，品德课的内容和形式必须贴近儿童的生活、反映儿童的需要，让他们从自己的生活出发，用自己的眼睛观察社会、用自己的心灵感受社会。

通过多方面的了解之后，我决定改革教学策略，课堂就是我研究新的教学策略的阵地。在教《别把花草弄疼了》这一课前，我决定践行这一想法，让小学生的品德课贴近学生实际，例如尝试设计特定的情境来教这一课。

在这节课中，我引导学生到校内的绿化区对花草树木进行调查。我把学生分成若干小组，进行组内分工，任务是记录下花草树木的生长管理情况。有的同学负责采访提问，有的同学负责画下被养护的花草树木，有的同学负责记录养护的方法，还有的同学负责拟订意见。学生们通过实地考察，找到了种养花草树木的方法和知识，并从中了解到花草树木对我们人类的作用非常大。

有家长后来告诉我："杨校长，我们家的孩子回到家之后看看家里的花花草草，就要求每天主动浇水、拿花去晒晒太阳。我好奇，孩子怎么开始要养花了？是不是学校的教师教他们爱护花草了？"得到家长的反馈，我内心一阵欣喜，看来孩子们在这节课上真正学会了爱护花草，并在日常生活中用实际行动去保护花草。多次的课堂教学效果表明情境教学的确能让学生高效地掌握课堂内容。

在这一过程中，我的直觉让我发现了品德课中的问题。我还通过课堂来检验我预想的方法，进而总结出我的思想成果。为了能够让学校的教师们也学习着运用我的教学方法，我决定把自己所思、所做撰写成文章。我查阅了大量的书籍，写成了多篇论文，包括《新课程下的小学品德课堂教学策略》、《运用校史资源对学生进行品德教育》和《情境教学在环境教育中的运用》等，这些论文在教师之间会相互传阅。有时，教师们面对品德课上存在的问题，也会主动来向我请教。

在探索中不断提升课堂质量

2008 年 6 月，又到棠澍小学一学期的期末了。期中考核情况和期末成绩是教师们一学期成果的重要成绩单，我通知各学科组的组长汇报期末情况。我拿到学生们的期末成绩，也不是很差，但还是保持与去年差不多的水平。每一年，我都给自己立下目标，今年的教学质量要有较明显的提升。然而，现实有时是残酷的。我内心有些郁闷，觉得自己今年的目标并没有达成。

期末的最后一天，我刚好和康校长一起顺路走回家。路上，康校长说："忙到期末，你可以放松一下了。可是，我今天看你怎么心事重重啊？你是遇到什么困难了吗？"

"今天，我总结了一下这学期的学校教学情况，觉得并没有什么提升。我感到纳闷和疑惑，下学期要怎么做才好呢？"

康校长听到我这样说，哈哈大笑，"这学期结束了，你已经开始进入下学期了。这个步调，我都赶不上了。"

"哎！我觉得我今年的目标没有达成。下学期我一定要达成这个目标。但是，在这之前，我应该好好设计一套完整的课堂质量提升机制。虽然我平时会抓课堂教学，督导教师的教学。但是我觉得这还不够。"

康校长一边走一边嘟囔："你常常觉得还不够，我相信你有一天会找到让你觉得足够的方法。"

我觉得自己的任务还没有完成，于是，暑假成为我"充电"的最佳时期。我常常一个人来到学校的办公室。学校是一个让我心静和充满力量的地方。在这里，我搜索了各种提升课堂教学质量的资源，思考如何从理论层面建构出适合我们棠澍小学的课堂教学质量提升方法。

在暑假期间，只要有教师交流的机会，我都积极报名参加。我不放过每一个可以向他人学习的机会。在一次次交流活动中，我接触了其他学校的校长，参与教师们的示范课和教学分享会，令我受益匪浅。

通过与教育者的接触，我渐渐悟出一个道理，要改革学校的教学，必须依靠过硬的理论指导和支撑。作为长期处于一线的教师，我常常深感自己的教育理论基础不足。我们学校的许多教师也和我一样。在改革学校教学的时候，我总感觉缺点什么可以作为依靠，以至于在建立新的方法时，显得底气不足，却说不出原因。

对于我们这些一线教师而言，专家就是最好的理论支撑。中小学教师应该向专家取经。于是，我私底下主动和多个专家交谈。让我印象深刻的是其中的王教授。那天，王教授刚好来到花都区各个小学做调研，我想这是一个主动向专家请教的好机会。我想向王教授说明我对当下学校教学改革的疑问。

"教授，您好！我是棠澍小学的校长。现在，我们学校正在尝试改革教学质量，可是我总感觉缺点什么。我非常渴望能够寻找到一条适合学校教学发展的科学道路。请问我可否向您请教这方面的问题?"

王教授看到我如此热切地向他请教，微笑着说："没问题!"

在一次倾谈中，我又提升了自己的思想和理论高度。我发现看问题不仅仅是了解问题的表面，更重要的是深刻挖掘背后的原因。后来，我一直与王教授保持联系。当听到我在改革学校教学中所面临的瓶颈时，他热心地解答我的问题，还为我引荐了其他著名教育专家。我发现建立一个专家组为教师们进行学科指导非常有必要。2008 年，我们学校开始聘请六名专家指导学校教学。他们定期对多门学科的教学进行诊断，并提出修改意见。教师们通过听取专家的意见，在教学上突飞猛进，他们个个都反应热烈。我还记得我们学校的代课老师李老师常常说的话："杨校长，恐怕我只有来到棠澍小学，才能得到这么强大的专家组的指导。真是太幸运了!"

学校教学质量的提高除了领导者需要努力之外，还需要教师自己的努力。无论是在我们学校，还是在其他小学，我发现教师们都有一个普遍的现象。尤其在工作几年之后的教师们身上，这种现象更加明显。

"同志们，下班喽!"走过教师办公室，透过窗户，我看到了张老师拍拍沾着粉笔灰的手，从椅子上离开，就走出了门口。其他老师也跟着收拾东西回家了。他们陆续走出门口，看到我正站在门口，一脸惊愕，"校长，您怎么还没回家呢?""还早呢，我刚好经过看看你们。"张老师看到我，有点不好意思，"杨校长，没什么事我就先走啦。"

看着老师们离开的背影，我陷入沉思。平时，他们常常早早就下班了，很少会待在办公室去总结一天的教学情况。日复一日，年复一年。面对当前成堆的课堂教学问题，不去思考、不去解决，又怎能基于问题去改进呢? 教师是学校发展的主心骨，培养他们的反思意识和行动至关重要。为了让教师们充分认识教学反思，我在一次教师会议上专门以教学反思为议题，试着引发教师们的讨论和思考。关于如何进行教学反思，教师们提出了多种多样的方法，大家都有各自的方法。有的教师认为每周需要进行一次教学反思，以教学日志或笔记的形式记录下来；有的教师认为应该每月进行一次教学报告；也有的教师认为每周各个学科组应该针对教师们所存在的教学问题进行讨论。

综合大家的看法之后，我认为可以采取个人与集体、多种形式共存的反思模式。个人需定期进行教学反思，教师群体也要进行综合探讨。教师在进行教学反思的时候，除了可以采用笔记的形式外，也可以采用日记等其他形式。把教学反思落到实处，教师们才能够有意识地去发现教学中的问题。

学校的教学需要一个强有力的管理单位，这样才能够保证教学改革有序、高效推进。棠澍小学的教学以校长作为教学督导，成立多个层面的教学管理单位共同管理教学，具体包括主管教学校长、教导主任、骨干教师、教师。所以，无论是平时校内的听课，还是教师大赛，都是涉及多方人员的，而不是教师单独各自做各自的。这样，在整个学校中，我们很快形成了教师相互学习、相互帮助的氛围。

就这样，在多次的摸索、改进过程中，我们棠澍小学形成了"三位一体"的课堂质量提升路径。多次的实验证明，这一体系对于提高课堂教学质量是有效的。通过长期坚持这一体系，学校多次获得花都区教学质量一等奖，许多外校的教师也来我们学校学习，家长们也对课堂的教学质量感到满意。一些家长来接孩子的时候，只要在校门口看到我，都会主动与我握手，"杨校长，感谢您啊！我们家孩子最近的成绩提升很明显，感谢您和教师们的努力！"每每听到这些话，我总是备感欣慰。

在课题中体验研究的魅力

在我多年的职业生涯中，课题就像是我成长的翅膀，让原本低头忙碌于教育问题的我，一下子飞向广阔的天空，去寻找教育问题背后的东西。课题对于我个人的专业成长起着非常重要的作用。

回首我与课题的缘分，免不了和我所工作过的地方相联系。1987年8月，刚刚大学毕业的我，如一只初出笼子的鸟儿一样，对外面的世界充满好奇和热情。作为一名历史专业的大学生，我顺理成章地成为一名中学历史老师。当时，我任教的地点是花县新华镇培新中学。那时候还没有改为花都区的花县只是广州的一个小县城，地理位置偏远，学校周围都是田地和森林。当时，当地的中小学教育还没有如今这么先进。

在培新中学任教长达九年的时间里，我很少离开广州学习，更谈不上接触课题了。当我遇到教学上的问题时，我只能求助自己。我常常独自苦思冥想。在缺乏外在条件支撑的封闭环境下，专业上的自我提升显得漫长而迟滞。记忆中，在培新中学的办公室里，我常常苦思如何让历史课讲得生动有趣。在几年的教学之后，我发现学生在课堂上只要听我讲故事，就能保持注意力，听得津津有味。于是，我想到了以讲故事的形式来开展教学。我的床头经常堆着几本厚厚的历史故事书，一有空我就会拿来看，试着把历史课串成生动的故事。但是，我总觉得历史学科的教学还远远不止如此，外面的老师是怎么教的呢？还有没有更好的教学方法呢？我越是急切地想知道外面的世界是怎样的，越能够清晰地听到办公室四壁回荡着的无数疑问……

时间就这样一点点流逝，把我推向了重要的转折点。1996年，我转到花都市新华镇第七小学担任教导处副主任，后来成为学校的副校长。这个地方成为了我课题研究的福地。

在七小的那几年，学校环境简陋，教学质量见不到提升的苗头。每天，我都在反思如何提升教学质量。机缘巧合，我们小学旁边是一所师资培训学校，只有一墙之隔。这个学校的康校长与我在一次会议上认识了，我们对教育都有执着的信念和热爱，彼此一见如故。我们常常在下班之后碰面，共同谈论当前的工作。2001年10月，秋高气爽，学生放学回家之后，校园显得格外安静。康校长和我走在校园里，我正在发愁如何从外面的好学校获得学习资源的时候，康校长向我传达了一个好消息。

"最近，我们学校的一个主任参加了国家级的课题，听说这个课题都是专家组来共同承担的。"

听到"课题"两个字，我内心充满了兴趣："他们的课题主要是做什么呢？"

"这个课题是著名的龚浩康教授率领专家团队做的，课题名称叫'小学语文发展与创新教育研究'，课题的专家都很有名，但是听说这个课题的费用并不高。"

"发展与创新"，多么吸引人的主题啊！在当下推进基础教育课程改革的大背景下，我们每一位教育者都在想着改革。我作为一名教导主任，也心系基础教育改革这个大难题，但是具体要怎么改却毫无头绪。一说到行动起来，就不知所措。看到这个以"发展与创新"为主题的课题，我想这是多么吻合时代的需要。面对当前陈旧、落后的教育内容、不适合学生的教育方法，如何创新显得格外重要。我还关注到，这个课题是由专家团队组成。在我大学的学习生涯中，教授们给我的印象是他们具备先进的教育理念和扎实的理论基础。我想，专家们对教育改革应该会有更加精辟的见解和高超的做法。作为一名教师，如果能够主动与他们靠拢，向他们学习，应该能把学校教育引向更加科学的道路。顿时，我萌生想法：争取机会和专家们一起做课题。直觉告诉我，这是一个能够提高我们学校的教育质量的好机会。

于是，我主动向康校长表明自己的意愿。我请求康校长帮我搭桥，询问我们七小可否加入到这个课题中。通过多方的努力，我有幸与龚教授见面。龚教授是一个为人温和、对学术严谨的学者，他与我深入交流之后，说道："原来杨校长也是一个爱钻研、爱教育的人。我很荣幸能够认识您，欢迎您加入我们的团队！"当时，我开心到就要跳起来了！我们七小终于第一次承担起了"全国教育科学'十五'规划"重点课题"小学语文发展与创新教育研究"子课题的研究。

高兴过后，需要脚踏实地把课题做好。接下来，我开始直面课题研究带来的酸甜苦辣。既然我主动带领教师们做课题，我就要扮演好领导者的角色。现实有时候并没有想象中的那么容易。初次接触课题，我感受到了前所未有的困难。如何设计课题方案？如何开展课题？一开始，我一头雾水。那时候，我夜晚常常辗转反侧，难以入眠。

但是，我既然认定做一件事，就会尽力去做好。于是，我邀请了校内的教师作为科研组成员，包括各年级的语文组长和专职教师们。我希望通过这次机会，让教师们在这个课题中获得成长。我开始联系课题的专家们，在数次会议中，我不断与他们商定学校的课题方案。此外，我还查找了大量的资料，包括研究方法数据、语文课题的相关资料。前期的准备工作总算顺利完成了。我们规划了研究的方案。

这个课题以课堂为阵地。在做课题的过程中，教师们提前备好课、上课、听取专家的点评，教学模式不断修正。当时，专家们深入我们的小学，听我们学校的语文课并给予点评，现场非常精彩。教师们受到的触动很大，第一次感受到了专家们精准、到位的点评。正是在这个过程中，一次又一次的思想碰撞正在悄无声息地推动他们教学的进步。2002年5月，上级教育部门委任我为花都区棠澍小学校长，我仍然继续推进这个课题研究，棠澍小学也成为这个全国性课题的实验小学。我带领着教师们按照课题的进展，继续研究课题教学。

我们的付出终于迎来了收获。在这个课题的多次研讨会上，我们学校的教师们的教学成果获得许多奖项。其中，焦桂湘老师的习作指导《菊花石》在第五届研讨会上获得竞赛一等奖、李砚莹老师在第六届研讨会上荣获评课一等奖、何月明老师在第七届研讨会上获得微型讲座一等奖。除此之外，其他教师也获得了丰硕的课题成果。作为花都区第一次参与全国性课题的实验小学，花都区的其他学校纷纷来我们学校学习、参观，他们都认可我们学校的努力和成果。花都区新华镇还通过我们这个课题成功被评为广州的教育强镇。当时，我们整个学校的教师们都备感自豪。

这是我第一次接触课题研究。作为新手，我要直面课题所带来的各种未知，要肩负起整个课题的研究，这个过程是对我的磨炼。也正是接触了这个课题，我的研究能力、专业知识都有了一个飞跃式的发展。我想，学校的教师们也和我一样，都在共同成长着。我初次尝到了课题带来的甜头。我们深刻地认识到课题对于教师发展和学校发展的重要性。广州市、花都区只要有课题项目，我都会四处打听，争取能够成功申报。

我在静静地等待着下一次机会。2007年，我们棠澍小学又成功申报了教育部"全国教育科学'十五'规划"重点课题"学校科学教育与学生科学素质及创造性培养的心理学研究"的子课题。我们承担的子课题是"小学生科学人格培养的学校实践研究"。在选定这个课题之前，我想应该结合学校的具体情况来选择课题。

于是，我用了一个月的时间，全面考察了学校的学生情况。我们学校每年都会接收身心不健全的学生，这些学生是我们关注的对象，要培养促进这些学生的素质发展并不容易。考虑到我们学校的学生特点和结合素质教育发展趋势，我决定基于这些方面去申请这个课题。

这个课题主要研究小学生科学人格的内涵、特征和结构，小学生科学人格的培养途径，研究对象是小学六年级的全体学生。我采用研究——实践——反思——提升这种研究模式，邀请了副校长、教导主任、六年级各学科组的组长参与进其中。对于这些一线的教师们来说，课题研究还是有点陌生。有些学科组组长甚至紧张到跑到办公室来找我说："杨校长，我没怎么接触过这种项目。加入这个项目我感觉压力很大，怕做不好。"我只是微笑着说："相信我，我可以带着你慢慢做。相信我们这个课题能够顺利结题的！"

为了保证教师们对课题有一个清晰的认识，在开学初我开展了四次课题研究培训。每一次培训之前，我都准备好材料。培训的形式涵盖了专题讲座、活动展示、讨论座谈、走出请进、参与活动等方面。

接下来，课题按照我们的预期计划开展。每次六年级的教师上完实验课之后，我们共同讨论探索如何在课堂教学中注入全新的学生科学人格培养的理念。每个月，在我的带领下，全年级的教师们分组以专题研究的形式，研究培养学生良好性格品质的方法。我们还以课堂作为阵地，开展教学评比活动，使教师们培养科学人格的先进方法能够及时推广到学校中。

在课题开展的过程中，我需要定期汇总课题研究所得的结果。经历了多少个忙到凌晨才睡觉的日子，课题的成果越来越清晰了。教师们也看到了胜利的曙光，做事更加有动力了。陆陆续续，我引导教师们把相应的成果投到期刊上。后来，许多研究的成果得到了发表，成为我们课题研究的一个个勋章，我们为之骄傲。《论青少年的网络交往与心理健康》《随风潜入夜，润物细无声》《浅谈在语文教学中渗透心理健康教育》等论文成为我们结题的依据。在结题的那一天，负责科研成果验收的专家们给予了我们充分的认可，他们对于我们学校顺利完成结题表示祝贺，"杨校长，您是少有的对科研保持一颗敏感、执着的心的人，恭喜您成功结题！"

图 9-1　课题实验学校证书

在经历一次次课题研究之后，我更加大胆地迈出步伐去迎接大大小小的课题。尽管研究的过程是艰辛的，但是收获也是甜蜜的。在我的带领下，棠澍小学多次成为课题的实验小学。我们承担了省级课题《学生健康行为习惯养成的研究》、广州市课题《基于网络环境下校本培训优质化》子课题的研究、广州市课题《利用校际协作平台开展"1 带 3"活动的实践研究》的研究、花都区课题《营造英语氛围与提高小学生运用英语能力的研究》的研究等。在每一次的研究中，感受研究的魅力、感受教育的魅力。

在时代前进的脚步中，我抓住了课题与教育之间的契合点：课题研究促进教育的发展。我多年的课题研究经验证明了这条道路是正确的。对于我个人而言，我亲自向专家们学习。从他们身上，我看到了先进的教育理念和扎实的教育理论功底。我追随他们的脚步，不断地行进着。在未来，我依然坚定以研究促教学的这条道路，让学校教育与时代的发展保持步调一致。

结　语

伟人牛顿说过，真理的大海，让未发现的一切事物躺卧在我的眼前，任我去探寻。在教育领域摸爬滚打多年，我仍然觉得自己就像是一名新人。在这一片看似熟悉却陌生的田地里，还有许多未知的东西等待着我去发掘。我享受探索、研究的过程，让我真正深入教育中，成为一名合格的教育者。我想，保持对教育现象一颗敏感的心，立足于当前的教育挑战，以理论武装自己，去应对一个又一个教育挑战，终将迎来收获丰硕的秋天。

几十年风雨路走来，不知不觉我已经从一名教师成长为校长，身上承担的责任越来越重。每天，我都在进行不同角色的切换，教师、学校管理者、教师的朋友……在这多重角色中，我知道我是一名教育工作者，每天都在从事与教育相关的工作。但是，归根到底，我最基本的角色是一名人民教师。我享受在课堂上与学生之间的对话，我感恩能够与一群致力于教育事业的朋友们肩并肩共同前进。更庆幸的是，我在三十多年前的一次重要的抉择面前，选择了成为一名教师。不管未来多少年，我将继续坚持我的选择。坚守教学的三尺讲台、引导教师们的专业成长、不断推进教学与科研的结合将是我作为一名专业教师始终不放弃的信念。

第四篇

问校：探寻学校发展的原动力

从普通教师成长为校长的那天开始，我从来没有停止思考一个问题：何谓学校的发展？我见过形形色色的校长和校领导，他们对此都有不同的态度。有的校长在任期内帮助学校获得了很多荣誉，于是他们在自我介绍时，言必称自己学校历年来的各种头衔和比赛成绩，仿佛学校的发展就是他们自身能力的体现；有的校长有敏感的"领地意识"，将学校的发展方向牢牢把控在自己手里，为学校制定了缜密、细致的发展规划，并动员整个学校坚决、严格地执行；还有的校长把分配资源、制订各方面发展计划的权力下放到各个年级和学科组，让每一位教师都能看到，学校的发展就是完成自己眼前的每一个小任务……

但我的困惑还是未解，在我心目中，学校不是一个没有生气的、任人摆弄打扮的木偶，而是有着自己的根和脉络的活生生的个体。当你用正确的方式培育学校时，它总是会给你意想不到的回报，而一些错误的、违背学校本性的做法，又会让它的发展举步维艰。学校发展应该是有一套自身逻辑的，可它究竟是什么呢？

我无数次地追问，依旧百思不得其解，只有走出"学校发展"这个局限，回到"教育"中去寻找答案。最后，书桌上的一本《爱弥儿》吸引了我的目光，著名思想家卢梭在书中将教育分为自然的教育、事物的教育和人为的教育，并指出其中自然的教育是决定性因素，因为只有三种教育和谐共存的教育才是成功的，而自然的教育又是最不可控的因素。回到对学校发展的思考，学校的设施可以添置，教师的技能和素质可以再培训，但学校的办学传统和地域文化却是已成的基石，学校师生加上学生家长对学校发展的共同愿景也不会简单地因我们的意志而转移。所谓学校发展的自身逻辑，就是在学校办学传统和现状的基础上，向着对学校发展的共同愿景的方向去谋求进一步的成长。

我们学校的发展，就是在社区资源和家校关系的基础上去谋划学校育人目标，让自己独一无二的学校文化生长与丰盈。

第十章　学校的根在本土

能够在棠澍这所寄托了无数乡贤情怀的学校工作，是我最珍贵的"小幸运"。

——杨秀红

2017年7月1日，我轻轻地把最后一份文件放进档案袋，站起身，把椅子放回原位，一步一步地走到门口，深情地望了一眼这间见证了我多年来的努力的校长室，关灯，合上门，漫步在落日余晖下的校园。此时，清脆铃声早已飘远，校园里空无一人，这种旁人看来有些寂寥的情景，却令我感到熟悉和温暖。来到棠澍已十五个年头，我也曾无数次地赞叹这片夕阳下的校园美景。但今天，可能是我最后一次以主人翁的身份欣赏她了。

我迈着不紧不慢的步子走过每一间教室，抚摸走廊上的每一段扶手，学校发展的种种往事仿佛历历在目：孩子们在走廊上集合准备去"走读岭南"时的一阵阵欢声笑语，毕业典礼上徐亨先生看着孩子时露出的慈祥笑容，家长开放日教室后面带着微笑默默守望的身影……我的嘴角不由得微微上扬，这十五年，我将青春和热血都抛洒在这片土地，棠澍小学也茁壮成长。转角处，我看到徐亨先生的画像，他的眉目是那样坚毅，可他的表情却是那么的慈祥……

按规定，每到一定年限，校长都要轮岗。在棠澍任职十五年后，我调任骏威小学校长。临别时，几位同僚和朋友为我开了一场小小的欢送会。

"杨校长恭喜啊，骏威可是我们全区最好的学校呀。"

"可不是，骏威不就在区政府旁边吗？那些孩子家境好、有教养。"

"哈哈，话这么说没错，可骏威的家长也难'伺候'啊。"

"但是调过去的可是我们杨校长啊，杨校长处理家校关系那是首屈一指的一把好手，你说是不？"

"唉，感觉再也不能请杨校长指导我的科研了，以后这评职的事儿可难喽。"

"是啊，杨校长你看要不我跟你一起过去吧。"

"你真的舍得棠澍？"

"当然……唉，一边是杨校长亲手建立的学校，一边是杨校长本人的前途，这是鱼与熊掌不可得兼啊，我舍不得您，也舍不得这个棠澍啊。"

"哪天我要是被调到骏威，杨校长您可要多多提携我啊。"

在会场的中央，我用笑颜迎着大家，可我心中真的喜悦吗？我想，只有自己知道，我是多么不舍。这份不舍不仅源于师生情、同事情，也不仅源于对这片校园的眷恋。我真正不想放下的，还有棠澍与这片土地深沉的联系与牵挂。

本土文化影响了棠澍，让棠澍也成为了本土优秀文化的一个重要的布道者，甚至已经成为这份优秀文化的一部分。棠澍易址后，能够实现从无到有、从初生到知名的飞跃，很大程度上就是因为与本土资源和文化建立了积极、良好而又深刻的联系。

回首十五年前，当我由一所普通学校的副校长被提拔担任棠澍小学校长时，却完全没有现在的这种充实和深情。区教育局和徐亨先生把一所全新的学校交给我，是有着极高期望的。如何才能不辜负这份期望？我只能努力把棠澍办成一所好学校。就在这个征程中，棠澍和我的教育理想融为了一体。

学校生长发展的土壤在哪里？

棠澍初建成后，通过上级领导的支持、教育专家的指导和全体教职工的不懈努力，我们在很短的时间内就建立了学校管理的各种规则、措施，让学校运行走上了一个"标准"的正轨。作为一个新手校长，这已经是值得我夸耀的功绩。

校长这个新身份也让我获得了许多与兄弟学校交流的机会。每次出访外校，我都能看到各种特色学校文化，各种不同的标语、宣传画布满了校园，每一位校长都会向我介绍说：他们的学校文化正呼应了孩子们个性化教育的需要。在那时，外边的学校在我心目中五颜六色、绚丽多彩，相比之下，我觉得初创的棠澍只是灰白的——有着学校的功能，却缺乏一种文化、一种精神。久而久之，我也开始急切地想要给棠澍一身漂亮的"文化衣裳"，也想要让棠澍的"颜色"能够上墙上报，创造出属于我们的"个性化"教育。

为此，从零开始的棠澍首先要做的就是博采众长。我开始更为积极主动地赴兄弟学校交流，并留意关注他们的学校文化建设。

一次，我来到一所以某个历史人物精神为校园特色的学校。当我问及学校文化建设时，这所学校的校长没有立刻回答，只是随便叫住两个看起来只有一二年级的学生，问他们：

"来，小梓，鹏鹏，给这位杨校长说说×××（该历史人物）的故事好不好啊？"

话音刚落，这两个可爱的小家伙便开始说起那位历史人物的故事以及他与这所学校的渊源。可能是因为紧张，他们说得吞吞吐吐，但作为低年级的学生，能记住这么长的故事已是不易。讲完故事，我们对两个孩子表示了鼓励和感谢。这位校长骄傲地告诉我，他们学校的每一个孩子都能说出这个历史人物的故事，高年级的学生更是每人能讲上千字……

正当他要继续向我介绍下去的时候，一个老师走过来找到了他，仿佛有什么急事。

"您的文化教育真是深入人心啊。"我脑子里突然产生了想要"偷师"的念头，"您先过去忙吧，我一个人在校园里随便逛逛就好，多吸收学习一点东西。"

待这位校长匆匆离去没多久，两个中高年级的男孩子一边相互追逐，一边迎面向我跑来。出于教育者的"本能"，我下意识地叫停了他们在走廊上的危险行为，两个孩子也很乖巧，脸红着向我认了错。我心一动，顺势问起了左边那个叫作豆豆的男孩子：

"豆豆，你们大家都知道×××的故事吗?"

"对啊，我们老师一定要我们背下来的。"

"才怪啦，小红上次不是就没背出来，被校长点名批评了。"一旁的小胖急着纠正豆豆的"错误"。

"可是她后面被罚抄了十遍欸，现在肯定会背了啦。"

"罚抄?"我感觉好像打开了一个潘多拉的魔盒，"你们如果背不下来就要罚抄吗?"

"要罚抄的，例行抽背背不出来抄一遍，要是校长抽背背不出来，被老师知道了就要抄十遍。"

"你们觉得让你们背的故事有意思吗?"

"我觉得还行吧，反正我们语文课也总要背课文，就当多背几篇呗。"

"你们不觉得×××的精神很值得你们学习吗?"

"值得。"豆豆和小胖异口同声地回答。

然而，小胖又轻声地嘀咕了一句："但我们不知道这东西背下来有什么用啊，旁边的××学校就不用背这种东西，统考的时候就是比我们考得好啊……"

这来自一个稚嫩的孩子口中的轻声细语，却成了落在我脑海中的一阵惊雷。如果我们眼中光鲜的学校文化只是孩子们眼中的负担，那这种学校文化有必要存在吗？

结束访问的周末，我来到了区图书馆，我要在这里找到我心目中那个问题的答案，我想知道学校文化究竟是什么……

原来，"文化"被认为是学校管理的"万能药"，但这种对文化的追求却是异常地浮躁。社会上、学术界一有个什么新名词，学校就跟着造势，好像学校是社会文化的弄潮儿、急先锋。但透过表面的热闹会发现，许多学校对本土文化和资源的挖掘往往就是搭建"空中楼阁"，只是对本土文化和资源进行形式上的粗浅利用。

教育科研知识给了我新的观察视角，而通过新的视角，我眼中的东西也开始改变：我发现很多学校都没有理解学校文化建设的本意，而总是在本来的学校文化基础之外，再去搞一套"文化外衣"来进行自我装饰，打着诸如"关怀校园""美丽校园""合作校园""民主校园"之类的旗号，将标语与口号随处张贴。每一个新的"文化风潮"，都能在一夜之间诞生新的校训、校风、校歌，并显眼地出现在学校的各个角落。

然而这一切都与学生无关，与学生的理解，学生真正的生活世界、真正的社会交往没有任何的交集。

当我开始从新的角度思考问题，并不断辅以专业知识"营养"时，当我开始在棠澍的管理中进行有意识的实践，去获取属于棠澍的"特色"经验时，我自己对于学校的理解也就开始生发出来。

一所真正的好学校不是"规划"出来的，这也正是办学最为艰难之处。学校是孩子们的象牙塔，并不意味着它就真的远离尘世、与世隔绝。恰恰相反，每一所成熟的学校都是在各方力量的关注、塑造甚至相互对抗之中逐渐成型的。

而学校要营造良好的环境和氛围，就需要坚实的本土资源和文化基石、家庭支持以及学校自身优秀文化的保存与发展。广义的教育包括了学校教育、家庭教育和社会教育，学校教育无法独立发展，需要发挥学校教育、家庭教育和社会教育三方的联动作用，通过三者形成合力、整体推进。我们的学校必须要扎根于本土资源和文化之上，努力将之转化成学校发展前进路上最坚实的基石。

当然，对本土资源和文化的利用并不是一件简单的事。每个学校都有各自不同的生源地和校史，这就是它的"本土"，基于一定的经济、社会发展水平，区域文化和生活方式，并能够令与之相连的成员在情感上和心理上产生认同感和归属感。通过与本土资源和文化紧密联系、相互配合，学校才可以在学生的品格塑造、文化修养方面达到一些高层次的、深入的目标。在一种文化中生活久了，这种文化所蕴含的价值观念和行为方式就会沉淀为我们的"第二天性"，我们会自动地按这种文化所要求的方式去思考、去行为。在这种文化中学习，学生才能"如鱼得水"。

图 10-1　花都区景

148

如果我们不只是想办成一所能够教书育人的学校，而是想将它尽可能地办好，办得有特色，办得能让我们的孩子更出息，那么仅仅学校本身的资源对于这个目标而言就捉襟见肘了。一所好学校，必须要对本土文化和资源最优化利用，用自己在本土的根不断汲取营养，才能支持校集体向更高的水平迈进。

言及于此，就有一系列问题值得我去不断追问——学校所在的区域社会和学校之间究竟是一种怎样的生态关系？学校凭什么能从本土文化和资源中获益？学校要怎么吸收利用本土文化和资源？学校又能给当地社会带来什么？

我和棠澍用行动给出了自己的答案。

不负所托，才得信任

我把一生最好的时光都给了棠澍，棠澍也成了我追问教育本真的最好线索。正如我一直说的那样，棠澍能够"享用"的本土文化和资源十分丰富，这种丰富已经到了要"溢"出来的程度。在建校之初，徐亨先生这位胸中满溢家国情怀的乡贤，就已经主动为学校的建设及日后的发展提供了极大的助力。但这并不意味着我作为校长就可以安然卧榻，享受由此带来的好处。在我心目中，政府、众位乡贤以及当地的乡亲父老们交给我的不只是学校，还有信任、期望以及重重的责任。

2002年，我被任命为棠澍小学校长的同时，就面临着校舍异地重建的艰巨任务（当时棠澍小学仍在赤坭的旧址）。也就是在这一年，国际奥委会终身荣誉委员徐亨先生在各方动员下回到家乡，把棠澍小学继续办好、做大是徐亨先生回乡后最想要做的事情之一。有感于徐亨先生之胸怀，时任花都区委书记，后担任广州市委常委、秘书长的陈国找到徐亨先生，说："与其在赤坭这个地方继续把学校办下去，还不如异地重建。这样能让学校起到更大的教育影响，让这所有深厚历史底蕴的学校在更大范围内发光发热！"

徐亨先生遂与花都区政府达成共识，新校保留"棠澍小学"之名，以怀念其父亲的壮举，秉承及发扬父亲之遗愿，同时愿意捐资支持建设全新的棠澍小学。徐亨先生将新校选址在新华镇内，占地面积约 41 亩，与原棠澍小学校产用地相同。总建筑面积约 2 万平方米，总投资 2600 多万元（连征地），其中徐亨先生捐资 200 万元，于 2002 年 10 月 23 日奠基动工。同时，徐亨先生还聘请著名教育家、慈善家田家炳先生协助指导建校工作。

外界的支持给了棠澍极大的助力和支持，但作为校长的我也备感压力。虽然我是凭借自己的能力在校长的公开竞聘中胜出，才被委以重任，但并不是所有人都相信我能做好——哪怕是徐亨先生也认为从未做过学校一把手的我"资历尚浅"。我究竟能不能做好校长，能不能接过这所源远流长、底蕴深厚又担负无数前辈期待的学校，让它在新的时代背景下重塑辉煌？因此，从工程的招标到建筑材料的选用，我亲力亲为，并坚持定期检查建设工作的开展。同时，徐亨先生心系教育并不只是捐资而已，对于校舍建设过程中的每一个细节，他都要亲自过问，一丝不苟。即使新学校的筹建工作再怎么紧锣密鼓，每个月我们也都要视察一次工地并向徐亨先生汇报，总结校舍建设的进度，发现尚存的问题，共同探讨改进措施，并以最快的速度落实、施行。

犹记得 2003 年 1 月 20 日，天降大雨，灰暗的天空仿佛要将整个城市吞噬，新华街头只余匆匆的行人和汽车溅起的水花，放眼望去，只有我和林校长在街旁驻足。我们面前是棠澍校舍的建设工地的大门，作为棠澍小学的校长，必须要对新校舍的建设密切地关注和严格地把关，今天正是我例行视察工地建设进度的日子。

不料，天降暴雨，此时工地的保安又正巧不在现场，我们就这样被

"拒之门外"。工地里的工人因为天气原因早已散了，只剩下盖着绿网的脚手架承受着风吹雨打，默默守护着我们建设中的新校舍。

我望着雨中的校舍，心中踌躇，是走，还是等？若一走了之，就不必再受大雨倾盆加身之苦，回家换一身干爽的衣服，和孩子共进一场美妙的晚餐，多么惬意。天气预报已经打出了暴雨橙色预警，工人们早就散了，无论是校董还是区领导，都不会因为例行报告推迟一天而责难于我。

我低头看到了身旁林校长湿漉漉的皮鞋，就在昨天，他还曾向我夸耀他对这双新皮鞋的喜爱，但再好的皮鞋，在大雨之下也不复光泽。若是等，不仅是我，就连林校长也得陪着一起"遭罪"。可是，我又想到了徐亨先生。如果这一次我们没有按照预定计划上交情况汇报，那么整个规划调控系统可能就会慢上半拍，一些问题就难以得到及时处理，孩子们可能就无法按时进入新校舍开始学习生活。

于是，"走还是等"这个疑问在我心头萦绕未多久便烟消云散。一个信念当时在我的心中愈发清晰：因为我是一个校长，我担负着社会和同僚们的期待，那么，只要是在工作时，只要是为了学校的发展，我的选择便从来只剩下一个！

雨声越来越大，却仿佛成了我们思维的奏鸣曲，我的衣裳和林校长的皮鞋一遍遍地被雨水打湿，却让我们感到自己的灵魂也受到了洗涤。我们就这样望着我们即将出生的"孩子"，思绪万千……

一个小时后，工地负责人顶着暴雨回到了工地门口，在为自己的迟到表示歉意的同时，他更多的是不解。他告诉我，他干了大大小小几百个工地，因为下雨拖慢施工进度是常有的事，更别说只是一次例行的汇报反馈，他实在是不懂我为什么要这么拼。

而我是这么回答他的："正如您所说，您之前已经做过无数的工程，完成我们这个工程后，也还有更多工程等着您。但是对我而言、对我们的学生们而言，他们都只有这么一个学校。学校建设的机会，永远只有这一次。"

这次在雨中的坚持和等待，只是我们在棠澍小学建设过程中发生的一个小小的故事。从 2002 年 10 月学校奠基动工到 2003 年年底完成第一期工程，我几乎每天都在面临这样大大小小的选择。是沉溺在社会资源为学校建设提供的便利中，享受同僚和朋友对新学校的赞美，还是更严格地要求自己，尽十二分的努力做好自己的本职工作，成为一个能够托付也值得托付的校长？我用行动给出了自己的答案。

而结果也是令人欣慰的，我们棠澍的校舍在建成后，令每一位学生、家长、教师以及来视察的同行、领导都赞不绝口。其工程之严谨、用料之扎实，不仅获得省的样板工程荣誉，甚至与当年的鲁班奖也仅一步之遥（遗憾的是最终由于整体建筑面积不够大而与鲁班奖擦肩而过）。

毫不夸张地说，棠澍的校舍建设不仅优秀，而且超前，它引领了当地此后十年校舍建设的风潮。在棠澍校舍建成后的数年时间里，花都区新建的校园建筑从颜色结构到建筑质量都以棠澍为重要的参照标准，大大小小的"棠澍校舍"如雨后春笋一般出现在花都区的各个校园里。

校舍的"美丽"绝不仅仅是漂亮的效果图。在我眼中，棠澍的校舍不只意味着其他学校纷纷"偷师"米黄色墙面设计和漂亮的建筑结构，更重要的是它深切的人性化考虑。无论是全区首创的"星级"厕所，还是作为校舍最重要的"采光、通风、隔音"，都凝聚了徐亨先生、田家炳先生对孩子们切身的关怀，以及我与各位同僚的希望与汗水。这才是棠澍校舍真正引以为傲的内涵，也是别的学校无法轻易模仿的。

我们的校舍"一直被模仿，从未被超越"。

就这样，一种信任和默契在学校和乡贤之间逐渐凝结。在看到棠澍校舍取得的卓越成绩后，徐亨先生又捐资 50 万元人民币为棠澍小学奖教奖学，这再次成为棠澍人奋勇向前、努力拼搏、勇攀高峰的新鼓舞。

图 10-2　棠澍小学全景

在他的带动下，诸位校董和慈善台商又为学校捐资 100 万元。徐亨先生本人也再捐 20 万美元。老先生西去后，他的女儿又接过了父亲的接力棒，为学校捐资 10 万元人民币。在政府、乡贤和父老乡亲们的扶持下，我们棠澍的小荷包鼓鼓的。我们设立了一笔固定的奖教奖学的基金，以其利息来专门奖励优秀的学生、教师和教学成果，每年的数额有近 10 万元人民币。

学校的根在本土，我们的很多老师觉得，棠澍小学能获得社会传递的这么多"营养"，可以说是一种"幸运"。但是这种"幸运"，和买彩票中了大奖的那种天上掉馅饼式的"幸运"是一样的吗？

我觉得不是的，要用好本土文化和资源，要让本土文化和资源"愿意"为你所用，你必须要有"根"。正所谓得道多助失道寡助，本土文化和资源的拥有者将调配资源的权力赋予你，是因为他们相信你能更好地使用这些资源达成他们心中的目标。看学校在本土有没有"根"，就是看学校有没有为当地社会担负起责任，就是看学校能否尽职尽责地完成父老乡亲对教书育人的期待。

如果学校没有这种责任和担当作为"根"，无论社会为学校提供多少优厚的条件，都不能化为学校成长的动力。而且相应的，若是社会发现这个学校并不"称职"，那自然也不会为学校调配本就有限的资源。

而作为一个校长，在学校也有他的"根"，这就是尽十二分的努力去完成自己的本职工作，以身作则带领学校发展，让每一个对学校有贡献、有期待的人都能看到他们想要看到的东西。只有我们棠澍多年来的成绩才能让我们无愧于徐亨先生和众位乡贤为我们塑造的良好的环境：学校连续七年获得花都区教育教学质量一等奖，荣获广东省心理健康示范学校、广东省安全文明校园、广东省中小学教师继续教育校本培训示范学校、广东省现代教育技术实验学校……

但最令我激动的，还是徐亨先生对我的承认和肯定。事实上，原本在徐亨先生看来，棠澍小学的校长一职，应当外聘一位有名气、有资历、有经验的名校长来赴任。直到他看到我们美丽的新校舍，看到孩子们在棠澍的教育下知书达理、朝气蓬勃，不停地向他挥手说"徐爷爷好，徐爷爷好"的时候，我终于感觉到，他曾经有的一切怀疑都烟消云散了。

我永远也忘不了，在棠澍建成后的首次毕业典礼上，九十岁高龄的徐亨先生握着我的手，用他已经有些沙哑的声音激动地向我表示感谢："杨校长很卖力，很努力，把学校建成这个样子，我真的很感动，你办得真好啊。"

那一刻，我不觉挺直了腰杆。从那时候开始，我才有自信说，我没有辜负区领导和包括徐亨先生在内的众位乡贤的期待，把学校建成了、建好了。一所从中国的土里长出来的学校，终于获得了徐亨先生这个世界级人物的肯定。我们也从此一步步地走向社会、走向世界。

共具情怀，方值传承

学校社会共同体的进一步建立，还需要一个纽带，校史就是这一纽带的宝贵素材。校史中的人物的崇高精神和人格魅力，是教育引导学生学习做人、提升人格境界的宝贵、独特的教育资源。过去的教材中提及的榜样人物总是距离孩子们非常遥远，不是已故的革命英雄就是只闻事迹不知其人的道德模范。结合学校丰富的校史资源，我希望从学校发展史入手，编写校史教育的校本教材，让学生从身边事、学校事入手，从爱班级爱学校开始，树立坚定、明确的爱国爱家情怀。

在了解了徐亨先生的生平事迹后，我对其传奇经历和高尚情怀赞叹不已的同时，也生出了一个想法，徐亨爷爷的事迹不就是孩子们最好的德育教材吗？更何况，徐亨爷爷每年毕业典礼都会回棠澍小学，这是一个能看得见摸得着的"英雄"。

因此，徐亨这位孩子们身边的"英雄"每次到访，都能起到极大的教育效果。他会慈祥地跟孩子们握手，在毕业典礼上为即将离开的孩子致辞，向他们送出宝贵的祝福。

可惜的是，由于徐亨先生的地位实在是有些特别，他每一次过来都会引发当地不小的震动，体育总局、省政府、市政府等部门都要派人来接待他。有一年，我们担心徐亨先生年事已高，在台粤之间来回奔波又过于操劳，就没有叫他。事后他联系到我们，头一句话就是："为什么不叫我来？"令我们颇为尴尬，可又为他对棠澍的关心和挂念所深深感动。

而棠澍新校史室的建设，就更可以说是在徐亨先生的精神引领下的"一棵树摇动另一棵树"的故事了。

棠澍原本有一个很小的校史室，主要以图片配以文字进行展示，并没有多少实物的展品。在棠澍工作一段时间后，我和同事们都有感于徐亨先生是我们棠澍不可多得的精神财富，这么宝贵的文化资源不应该仅仅在棠澍内部发挥作用，最好能够扩大影响力，成为我们整个花都区都引以为傲的爱国主义教育素材和乡史教育素材。

多年来的合作，也让我们和徐亨先生的家人建立了深厚的友谊，他们也希望能够有一个更大的校史室来陈列徐亨先生的珍贵文物，以扩大影响力，让更多的人能够被徐亨先生的家国情怀所鼓舞，感召更多乡亲与学子不断践行徐亨先生"感恩、卓越、奉献"的精神。

于是，我们就萌发了建设一个新的更大的校史室的想法。徐亨先生的家族历来十分支持、配合我们的工作，在知道我们计划将校史室的建设提上议事日程后，便将徐亨先生所有的有关奥运的文物都捐献给了棠澍（其中还有几件特别珍贵的，完全有资格被广东省博物馆收藏）。这对我们来说又是一笔巨大的财富，当然，就像我上面所说的那样，也是一份重大的责任。

区委区政府同样很重视棠澍的校史室建设，在一次视察中，现场办公帮我们解决了校史室建设的经费问题。但是，我们却迟迟找不到合适的施工方。并不是说我们找不到人来施工，而是没有人能够达到我们的期待——我们隐隐觉得，我们不是要装修一间简单的房子，而是要做一个配得上徐亨精神、配得上棠澍校舍的"校史陈列馆"。

在多次招标未果之后，××建设公司的杜德成先生找上了我们，这位杜老板也是××班×同学的父亲，在家长群里知道这件事后，表示希望能了解一下情况。于是，我们就像之前接洽建设公司的负责人一样，先是带领他去我们原先的校史室了解我们的校史，再和他沟通新校史室建设的想法。

因为我们认为，只有在真正了解了我们棠澍的校史之后，才能真正建好我们的校史室，让它"活"起来，去将覆盖在棠澍身上的岁月娓娓道来，而不是只去搭配颜色和绚丽的灯光效果。之前来接洽的几位承包商虽然也对棠澍的校史表示了赞叹与理解，但他们的心思却在更多地关注校史室建设方案的交流。

然而，这位杜老板似乎不怎么"专业"，在我们将他带到原来的小校史室，为他介绍了棠澍的校史和徐亨先生的故事之后，他竟迟迟不肯移步。最后，他望着徐亨先生的画像许久，对我们说道："我作为花都人，真的很为我们花都有这么一位杰出的乡贤而骄傲，真的很为他的精神所感动，这个校史室，我一定不计成本给你们建好。"

很快，杜老板就带来他的设计师正式开始了规划和建设。我们当初也没期望一个商人真的会不计成本地为一所区里的小学做工程，但杜老板在校史室参观时表现出的那种认真态度已让我们十分感动，使得我们能够信任他，将这项重要的工程交到他手里。

我们终归还是低估了"徐亨精神"的"魔力"：杜老板对校史室的建设何止是"不计成本"，在那段时间，他和设计师李工几乎是将全身心的精力都投入到了校史室的建设上。

文字宣传板需要反复修改，版本更迭不断，他跟我们说："你们说需要改什么，怎么改，你们吭声，我们随时去改。"为了配合徐亨先生的塑像在室内达到最佳的视觉效果，他们将室内的陈设来回移动、更改布局数遍。墙壁喷画完成后，我们结合室内实景，讨论出了更好的设计，有些遗憾"可惜已经喷画上墙了"，他们二话不说，全部重喷，只是笑着和我们解释"不能让这么宝贵的校史室留下遗憾"。室内桌椅的摆设，一次不行，两次不行，足足改变了五次布局。玻璃柜里所有文物的摆设，全部由设计师李工亲自动手进行调整，他手上永远戴着一副洁白的手套，用心把每一件文物的视觉效果都做到了最好。宣传栏需要用到旧照片，因为当时的摄影技术所限，旧照片放大之后张贴会比较模糊，他们就拿到广州市里的专门机构去进行处理，最后上墙的清晰度让所有人都感到惊艳……

最让我们感动的是，在落成剪彩前一天，由于物流的延误，工人已经全部回家了，但窗帘、台布才刚刚运抵，杜德成先生一整晚没睡觉，亲自为校史室完成了最后一"幕"的布置，最终为棠澍的校史室奉献了一个完美的剪彩典礼。

在杜德成先生身上，我仿佛又看到了徐亨先生的影子，那种感恩、卓越、奉献的精神，那种爱家乡的情怀。我相信一方水土养一方人，徐亨先生是花都乡贤的卓越代表，而现在的花都，也有无数像杜德成先生这样的人，正继承并发扬徐亨先生的精神，成为孩子们成长的楷模，成了学校文化发展的最好助力。

图 10-3　棠澍小学校史室

正如我在上一个故事里所讲的，学校要立足，就要于本土中扎根，汲取营养。但是，如果我们追求的是一所更好的学校，那么只有"根"依旧是不够的，我们还要"扎根"，把根深埋在土里，去吸收本土文化和资源中一切显性或隐性的要素，去支持我们学校的茁壮成长。那么我们要如何做到这一点呢？

学校历史是学校建设的生长点。学校的发展历史记录了一所学校创建、发展和壮大的轨迹，本身就是一本生动的教科书，它是学校历史传统和教育精神的映射，更是学校风格特色的体现。

悠久的历史、杰出的校友、辉煌的成就等共同构成了学校厚重的文化底蕴，完全可以成为学生学习的校本教材。系统梳理学校的发展历史，挖掘和整合校史资源，本身就是校园文化建设的重要内容。学校唯有基于自身历史，着眼时代要求，才能不断找到新的生长点。

图 10-4　棠澍小学"走读岭南"活动

徐亨先生的精神是本土文化和资源对棠澍之馈赠的重要的代表，而徐亨先生的人生经历也同样鼓舞着棠澍立足本土，胸怀世界。我们根植于地域文化特色举办了"走读花都"、"走读岭南"系列学生活动，就是要让学生去接触社会资源，感受这片生养他的土地上孕育出的文化和历史，让他们拥有更大的视野和胸怀。我们的"走读"范围正不断扩大，孩子们的心灵也逐渐变得宽阔。而与此同时，学校也给了社会一个通向"未来"的窗口，社区内任何一个怀揣教育情怀的人都可以通过学校触及在别处无法触及的东西，那就是文化习惯的培养。我们学校能够搭建起平台，起到桥梁的作用，使优秀文化的传播者与社会未来的继承人积极交流，互利共赢。

学校的根在本土，所以学校要发展，就要形成一种与社会的期望相融的学校文化，让学校和当地社会形成一种你中有我、我中有你的生态关系。更理想的情况，是要像著名教育学家保罗·弗莱雷所述的那样，让学校、让教育来影响社会，让学校发掘优秀的精神文化去感染整个社会。

第十一章　学校与家长共生

我认为，真正理想的教育应"教育一个孩子，影响一个家庭，带动一个社会"。

——杨秀红

"同学们，大家下午好！我是贝贝的妈妈，今天给大家带来一节手工课。开始上课之前，大家先猜猜一个谜语。请看大屏幕——一缕红丝线，交错结龙凤，心似双丝线，中有千千结(猜一装饰物)。"贝贝妈话音刚落，孩子们就争先恐后地举起手来，抢着要回答问题。

"中国结！"坐在前排的小胖已经等不及"老师"点名，率先说出了正确答案。

"同学们都非常聪明，很快就猜出了谜底，咱们的谜底就是'中国结'，那我们今天上课的内容就是'奇妙的绳结'，这节课主要教大家认识各种各样的绳结，并教大家编织几种简单又实用的绳结。"

在棠澍的"家长课堂"上，初登讲台的贝贝妈仿佛一个天生的孩子王，恰到好处地拿捏着现场的气氛。一堂"家长课"，一个小谜语，孩子们虽然还坐在教室里，可思绪却荡漾得很远很远……

棠澍小学的"家长课堂"自举办以来，深受家长、学生和老师的欢迎。起初，有不少家长存有疑问，"上课不是老师们的事情吗？为什么家长还要来上课？""我什么特长都没有，怎么给孩子们上课啊！""我们两口子都上着班呢，哪有时间来上课！""完全没有教学经验，怎么管得住那些孩子！"但我坚信，"家长课堂"的方向是正确的，即使有问题、有困难，也决不能退缩，只有撸起袖子加油干，才能为棠澍的家校生态、为棠澍孩子的健康成长贡献一份独特的"礼物"。

学校开展的"家长课堂"活动，源于我对家校关系的思考。学校的发展离不开家长的支持和配合。作为学生最重要的利益攸关方，只有打造家校共同体，形成教育合力，学校才会办得更好。

家长怎样成为学校发展的依靠？

一天大清早，我刚刚安排完当天的工作回到办公室，就有个电话急匆匆地打了进来。

"喂，你是……骏威小学的杨校长？"

"您好，我是，请问有什么事吗？"

"哦哦，太好了，我刚刚打了好几个电话都不通，我还以为这个号码是错的。"电话那头的声音有些干涩，带着浓浓的"花都腔"，应该是哪位学生的爷爷或外公，"杨校长啊，你得管管你们骏威的老师啊。"

"请问我们的老师出了什么事吗？"我心中一怔，难道是我们的老师做了什么错事，让这位家长不得不来向我举报？

"我是五年级三班明明的爷爷，你们五(3)班老师真的不把国家的减负当回事啊，每天给孩子布置作业、布置作业，孩子这个阶段是长身体的时候，要好好休息的啊！"电话那头的老人痛心地说道，"明明的爸妈都在上海经商，明明和他妹妹都是我和我老伴两口子在带，我们也没对这孩子有太多要求，只要他健健康康地生活、不出什么问题，就是我对他爸他妈最好的交代。"

"是的，我们学校也一定会全力保证孩子的健康成长。"

"但是你们的老师心里都总还想着给孩子增负啊，这礼拜已经连续四天了，明明每天要花超过 6 个小时的时间才能完成你们安排的作业，根本没有时间好好休息，你要想办法解决啊！"

原来是这样，然而，五(3)班的班主任是出了名的"软心肠"，向来极其体谅学生，她的班级怎么会刻意给孩子"增负"呢？但是既然家长电话都打到我这里来了，那一定有什么原因值得我去了解一番。

"好的，我明白您的意思了，我一会儿就去问清楚情况，一定给您一个满意的回复。"

安抚完明明爷爷之后，我用学校的家校通系统调取了五(3)班的作业布置，不出我所料，语文、英语、数学都只是一如既往的"同步训练＋预习新课"，只有周三的科学作业需要自己回家动手做一个生态瓶，但应该也不需要费太大工夫。

更何况，偌大一个五(3)班，还有诸多和五(3)班共享师资的兄弟班级，却只有明明爷爷一个人过来向我强烈地反映作业过多的情况——问题很有可能出在孩子身上。

果然，在向这位学生的各位老师、同班同学了解情况后，发现该班大多数学生的作业能在两个小时内完成。问题在于，明明爷爷在上周日给明明买了一部新手机，新手机在手，又没有外来的约束，自制力不强的明明自然难以集中注意力完成作业以至于花费时间特别多。

我把情况告诉明明爷爷后，明明爷爷又是自责又是懊悔，说这次真的要"好好教训明明"。我连忙告诉他，养育孩子不能平时一味溺爱，出了事情又一味严厉，而是要在平时就树立起孩子的规则意识，从日常一点一滴去生发孩子良好的品质。明明本身是个聪明的孩子，和他好好说道理，他一定能明白爷爷奶奶的良苦用心。

从此，明明再也没有熬夜做过作业，对爷爷奶奶也更有礼貌、更孝顺了，上个月的班级先进星评选，还被评为了"小孝星"。

谈到家校关系，我们总是首先想到两个方面的内容，一方面学校要对家长负责，另一方面家长的家庭教育和学校教育一道构成孩子成长中最重要的教育力量。家长会是家校沟通常用的方式，但一学期一次的家长会无法满足家校沟通的需求。即便有电话、QQ、微信等即时的联系方式，信息传递的过程中也容易出现失真。在人与人之间的沟通交流中，误解时常发生，最亲密的家人也不例外。

家校之间沟通的障碍、信息交流的不畅通，使家校之间产生了很多嫌隙，尤其当孩子的教育出现问题时，家长会埋怨学校教育出现了问题，而学校则认为是家庭教育不配合的缘由，双方对责任的推脱，难以解决真正的问题。棠澍小学有两千多名学生，就至少要面对五千名家长。"如何与数量庞大、人员繁杂的家长群体有效沟通？""如何才能减少家校之间的误解、促成家长与学校教育产生合力？"这是我长久以来思考的问题，也是极为现实和常见的问题。

图 11-1　棠澍家长会上的家校沟通

明明爷爷这件事中，我只是向明明爷爷量身传授了一些亲子关系的技巧，却很有效地改善了明明许多在学校看不到的缺点。明明爷爷给我打电话的行为虽然事后看来有些"冒失"，最终却发现并解决了问题，甚至拉近了家长和学校的距离。我开始思考：家长的家庭教育和我的学校教育，真的一定要"泾渭分明"吗？

打开家校沟通的"门"

我轮岗到骏威小学担任校长。上任不到一个月，就有家长反映骏威小学的班级任课老师被随意调换，这对孩子的教育和成长不利，要求将老师调回原来的任课班级。而上级领导也打来电话，要求即刻处理。

面对这样的危机，我赶紧了解情况。原来，上学期新入职了 7 名教师，本已对这 7 位新老师做了具体的安排和分配。而后的两个月内 3 名新教师怀孕并申请了长假，其中一位是一年级的班主任。无奈之下，学校将四年级的一位老师 A 安排到一年级做班主任，之所以做这样的安排，是因为四年级原本的教师组合大多是教过毕业班的经验丰富的教学骨干，即便是调走一位教师到一年级做班主任，原有的班级教师队伍也不会乱。

弄清楚具体情况后，我有些哭笑不得——早已听说骏威小学的学生家长"力量很大"，现在看来，学校和个别新家长之间连基本的信任和理解都有些缺乏啊！如果处理不好这件事情，家校矛盾很可能会愈演愈烈，而家校嫌隙的最终受害者是孩子啊！

没有不为子女着想的家长，"师者父母心"，学校所做的一切也是出于整体考虑，希望给学生最好的教育。学校和家长不是敌对的双方，而是利益共同体、有着共同的目的。此次误会的根源在于家校之间缺乏交流，未能及时、充分地了解，导致了家长的误会。有时，也可能是因为家校沟通的方式方法存在问题。

"多为他人着想"是我秉承的一项人生原则，用在家校关系中也十分合适。学校与家长最好的合作，需要家长与学校之间"替彼此着想，彼此共分担"。是时候由学校走出沟通的第一步了，除常规的家长会、学校开放日、日常线上交流外，我和其他老师共同开发了很多家校合作的活动，例如"家长沙龙讲座""专长家长进课堂""家长义工进校园""亲子同乐""走读岭南""书香家庭评比""优秀家长表彰"等系列活动，这些活动将家长资源纳入到学校教育资源中，真正实现家校合作的良好愿景。学校还通过 QQ 群、微信公众号、家长轮流日记、校园网等多渠道架起家校之间沟通的桥梁，有问题家长与学校可及时沟通、充分交流。

　　我认为线上交流所达到的沟通效果远不如面对面接触，所以无论在棠澍还是在骏威，我都强调学校与家长的直接接触，这一点也得到了家长的认可。一次棠澍家长会上，有一位家长提议开展"走读"系列活动，主张家长、孩子和老师共同参与户外活动，这与我的想法不谋而合。我们将"走读"活动设定为户外实践活动，本着自愿的原则，全校师生和家长均可报名参加。在活动开展前会由专家团队设计方案，选取有着特殊文化底蕴或者其他教育意义的地点，设计一系列亲子互动游戏。在活动结束之后，要求学生们分享自己的发现和感想，总结提炼活动的意义和价值。

　　第一次发起"走读"活动时，只有 7 位家长报名参加，大多数家长则认为自己工作繁忙、已经有许多需要家长参与的活动，没有必要再参加。但是，我们没有因此泄气，而是更加全心全意地投入到活动的组织筹划过程中。经过我们的精心挑选，极具岭南建筑特色的大稳村被圈定为第一场"走读"活动的地点。

　　大稳村被誉为"广东省宜居示范村庄""广州最美乡村""番禺名村"，这个美丽的村庄是由以前的渔民移居岸上形成的，沿岸绿树成荫，石拱桥、亲水平台、炮楼、风情街，泛舟水上绿道，一系列独具特色的景观让家长和同学们赞叹不已，借这个机会，也加深了亲子互动和理解。

　　大稳村还有一个自己的展览馆，里面以村庄建筑风格变化为主线，根据文史记载和村里历年保存下来的珍贵照片，图文并茂地将大稳村的发展历程还原出来。除此之外，还展示有部分旧农具、旧渔具和生活用具实物，力求将大稳村人昔日战天斗地和戏水通舟的生活场景在人们记忆中复活。

参观结束后，我们安排的教官将孩子们分成小分队，进行了趣味亲子互动游戏——"两人三足"接力跑趣味赛。家长和孩子们用绳子把各自的右脚与左脚绑起来，默契完成"两人三足"游戏。通过游戏增强了亲子之间的默契和配合，锻炼了孩子的腿部力量及身体平衡。孩子们在多次的跌倒后换来了成功，脸上洋溢着喜悦。

活动还设计了与大稳村相关的游戏。在"果蔬定向"中，孩子们徜徉在瓜果满目的绿道上，舟影波光，两岸花开，水中鱼翔浅底，到处瓜果飘香，沿途水生植物茂盛，微风拂面，树叶轻摇。孩子们近距离观察，感受着大自然的一花、一草、一树叶，把自己所看到的记录在自己的自然笔记里，并快乐地分享给同伴们。

而在"我是买菜小能手"中，每个小分队拿着分配好的零钱，第一次尝试自己购买蔬菜。他们激动地三三两两结伴奔着目标而去。

"阿姨，请问菜心多少钱一斤？"

"两块钱一斤。"

"阿姨，能不能便宜点？"

"那就一块五给你吧！"

"好的！谢谢阿姨！"

一声声稚嫩的询问中透露着兴奋与期待，自己挑选蔬菜、自己付钱，提着自己买来的菜，可自豪了！大家都紧紧地拎着自己的购物袋，不时地举起来和小伙伴们炫耀："快看，这是我自己买的蔬菜！"

在这些游戏中，孩子们勇敢地和大人们交涉，还学会了理财小知识，准确地表达出自己的意愿。游戏结束后，孩子们开心地分享自己的感受和体验。

在第一场活动结束之后，我们通过微信公众号等多种途径，充分宣传活动中孩子与家长的互动情景、对活动的感受，使得第二期"走读"活动一下子受到了家长们的广泛欢迎。此后，棠澍的"走读"活动不断蓬勃发展，目前，"走读"系列活动所达地点已经囊括塱头村、黄埔军校、西关、香草世界、红山村、广东科学中心、广东新会、广州邮电总局等地点。

图 11-2　棠澍小学"走读岭南"活动

通过这些学校组织的面对面交流活动，家长们可以更直观地看出学校教育在促进孩子全面、有个性的发展中贡献出的努力，更加理解学校的苦衷；这些活动可以增加家长与孩子沟通的机会，家长之间也可以相互"取经"。

更重要的是，面对面的家校沟通大大减少了误解产生的可能性。仅是线上交流，对话双方缺乏对彼此语气、神态的了解，尤其是年龄较大的家长，更是难以通过网络、电话等方式进行顺利交流。通过扩大面对面沟通交流方式，棠澍小学的家校沟通取得了卓越的成效，减少了家长的投诉和对学校教学安排、人员设置的干涉，成就了家校的和谐。

解开家校关系的锁

越来越多的人意识到无法仅仅依靠学校对学生进行全方位的教育，

也意识到家长对子女影响程度之深、范围之广。

父母是儿童最早的教育者。"正是在学龄前几年间，也就是在儿童接受教师影响开始以前很久，就在他身上种下了人的一些基本特征的根子，儿童从 2 岁到 6、7 岁，从周围环境和他经常接触的人那里获得大量的知识，这些知识好像都砌进了他的心理发展的基地。儿童个性中的精神财富，还有被教育家们称之为对知识的渴望、好奇心、探求精神、思维的敏捷性之类的东西，这些都在很大程度上取决于儿童从 2 岁至 6、7 岁时所处的环境如何。"苏霍姆林斯基的这些话明确了家庭教育对儿童发展的重要性，家长们在儿童的早期教育中积累了甚至比一般教师更为丰富、更为贴切的教育经验。

因此，学校和家长更应该是相扶相生的共同体，孩子们在学校接受系统教育，学校组织机构提供的教育内容和形式日益丰富，家长的资源、家长的想法和经验也同样塑造着学校的发展脉络和文化。

然而，在学校教育普及之后，家庭教育被边缘化，家庭所应负的教育责任被让渡给学校，一旦孩子的教育出现问题，学校则受到来自家庭和社会的指责，甚至有人提出要构建"非学校化社会"。真正成功的教育必然包含了成功的家庭教育，聪明的教师会从家长教育子女的方式中汲取经验，绝不仅仅依靠有限的学校教育。

于是，沟通和交流就是重中之重了。可是，在我们的生活中，即便有了充足的沟通与交流，冲突也难以免除。或者说，冲突原本就是沟通交流、达成共识的方式之一。在冲突中，双方会就特定问题展开讨论，最终解决这个问题。家校冲突也是很普遍的现象，在几十年的教学经历中，我每一学期都会遇到大大小小的家校冲突的例子，每次也都化险为夷、顺利解决了冲突。

如何解决家校冲突？我试图总结这些亲身经历，发现在这些冲突中，需要家长和老师双方寻求相互的理解、最终达成共识。这样的过程是家校沟通交流的过程，也是调整和完善学校教育和家庭教育的过程。

傍晚时分，结束一天的工作之后，我照例准备在校园里走上一圈。平日上课期间的校园书声琅琅、热闹欢腾，放学后却是一片寂静，没有孩子们的校园显得有些寂寞。夕阳西斜，落日的余晖铺满校园，整个校园显得金黄灿烂、恬静怡人。犹记得最初的棠澍小学，新校舍还未建成，操场还是一片黄泥。后来，我和林校长作为"监工"，留意着一砖一木的建设，棠澍小学才变成了现在窗明几净、整洁有致的样子……

正回忆着那些往事，突然，隐隐约约四（2）班传来阵阵孩子的啜泣声。我加快脚步，赶到教室，果真发现同学张秋（化名）正趴在桌子上伤心地哭。我对张秋的印象特别深刻，因为他是我们学校的护旗手、年年被评为三好学生，这个优秀的孩子这么晚了怎么还没回家？我赶紧询问："张秋，你这是怎么啦？怎么还没回家呢？"

孩子听到了我的声音，止住了哭泣，眼泪却还挂在眼角，犹豫了很久也没回答我的问题。我一阵心疼，继续追问："孩子，怎么了啊？有人欺负你吗？告诉杨老师，杨老师找他算账！"

张秋还是不讲话，有些犹豫地递给我一张期中数学测验的试卷。我拿起试卷，看了看分数：82。我有些明白了——虽然分数并不低，但对于年年考班级第一名的张秋而言，这分数的确太低了！

"杨老师，这次数学考砸了，回家肯定会挨打的……我不敢回家了……"孩子突然开口了，讲着讲着又开始难过地哭了。原本应该轻松快乐成长、享受童年乐趣的孩子，却十分在意成绩，有一点点排名的下降，自己就会紧张到不行、承受不适宜的沉重，根源就在于父母对孩子成绩的过度在意。家，原本是避风的港湾，可现在张秋甚至连"返港"的勇气都没有了。我觉得自己需要找机会与他的家长谈谈了。但是，当前的问题急需解决，面对问题不逃避，针对问题、解决问题，我想我也应当教会孩子有直面困难的勇气。

　　我拿出纸巾，帮张秋擦掉眼泪，告诉他："张秋可是男子汉，别伤心啦，父母那边杨老师来想办法。我们一起先看看这次数学考砸了的原因，好吗？"张秋慢慢冷静下来，和我一起看起试卷、分析出错的原因。

　　担心张秋的父母会着急，我联系班主任，然后他告诉张秋家长具体情况。不一会儿，张秋的妈妈急匆匆赶来学校。张秋已经恢复了平静，看到妈妈就扑了过去。

　　"真是谢谢杨校长了，张秋这孩子让我和他爸担心死了，幸好班主任打来了电话。"张秋的妈妈一脸歉意，又怜爱地抚摸着张秋的头安慰着他："秋秋，班主任都告诉我了，一次期中考试没关系的，我们快回家了，妈妈给你做你喜欢吃的酒酿丸子。"

　　"杨校长，这孩子真是给您添麻烦了，来，秋秋，赶紧和杨校长说声谢谢。"张秋的妈妈拉着孩子的手，准备和我道谢。张秋道谢之后准备和妈妈回家，但神情还是有些胆怯，我觉得奇怪：有这样温柔和开明的妈妈，张秋怎么还这样怕，不愿意回家？可看着张秋的妈妈急着要走，也不好当场了解情况，只得和张秋母子道了再见。看着张秋牵着妈妈的手离开的背影，我猛然想起今天是我女儿的生日：女儿又该埋怨妈妈不像妈妈、自己的妈妈像是别人的妈妈了。

　　第二天，我找来班主任了解张秋的家庭情况，班主任告诉我张秋的父亲是个暴脾气，他格外关心孩子的成绩，每当张秋考试成绩没达到他定的标准，不分青红皂白就开始动手打人。学校曾经多次给张父做过思想工作，他说每次打完他也后悔，但气急了就忍不住了，而且他们家向来如此，孩子们都是打着长大的。他还颇为得意地告诉我，张秋的亲哥哥在他的"教导"下考上了一所重点大学，这也证明了他的教育方式的正确。

　　"我也不想当坏人啊，我也想和儿子和和睦睦的，现在张秋那孩子都不和我亲近，甚至不会主动跟我讲话，可是有什么办法呢？一个家里就是要'一个唱红脸、一个唱白脸'，张秋的妈妈太宠她儿子了，只好我来唱白脸，我得为我儿子的未来负责"，张秋的爸爸还有一套似乎没法辩驳的理论和事实支撑。估计正是这样，尽管张秋的妈妈觉得爸爸的教育方式有问题，却又被他说服。

以我多年和家长接触的经验，这样的家长的思想主张和教育理念太难改变了，只能让他亲眼看到事情的严重性。我决定请张秋的妈妈、班主任和张秋演一出戏：张秋因为考砸了离家出走，费尽千辛万苦才找回来。有了这次经历后，张秋的父亲意识到了自己对儿子的教育方式的确不妥、有极大的风险。在一次张秋的父亲参加的家长会上，专门设置了"慈父严父"的讨论话题，各位家长用自己的亲身经历说明要把握"严"与"慈"的度。家长会结束后，张秋的父亲找到我，十分感激地对我说："杨校长，真的特别感谢您，孩子的妈妈告诉了我那次事情的真相，包括这次家长会，我感受到了您的良苦用心，真的是做教育的人啊！听说您喜欢喝茶，刚好我们家就做这个，这里是我和张秋妈妈的一点心意，感谢您这么上心。"张父说着，掏出一盒茶叶准备递给我。我赶紧摆摆手：

"别这么客气，都是我们应该做的，哪能收你的茶叶。上次的事你可别记恨我啊，那也是无奈之举。中国很多家长都相信'棍棒底下出孝子'，对孩子非打即骂，结果出现了太多惨剧。孩子其实更多需要的是父母的关爱，尤其要把握对待孩子态度的'度'，我们都是为了孩子好，但有时不能把孩子逼太急了。张秋是个特别懂事、特别机灵的孩子，之前总看他忧愁地皱着眉头、小大人似的，看他现在可开心多了、像个孩子了。"

父母双方教育孩子的理念和方式尚难调和，学校和家庭在孩子的教育主张上更是存在许多不一致的地方，甚至会针锋相对。有时，学校教育会出现问题和缺漏，尤其在关照孩子个性发展方面，学校难以做到

"面面俱到"地照顾每个孩子的发展特点；有时，家庭教育也容易偏激，过分严厉或者过分溺爱，难以真正实现孩子们的自由发展。

学校是孩子教育过程中的主导者，家长是合作者和参与者，双方应当设法相互扶持，共同维护孩子健康成长，而不是互相指责、推诿。学校有着专业的教育人员队伍，当发觉家庭教育的不妥之处时，学校有"纠偏"的职责，不可置若罔闻。为了达到学校教育的最佳效果，也需要家庭教育的合作与配合。

图11-3　《与孩子共同成长》家庭教育讲座

的确，家庭教育与学校教育之间会出现摩擦和冲突，一味妥协和固执己见的教育方式都是不妥当的，应该基于理解的前提达成共识、共同为了学生的成长成材而努力。学校也是社会公共服务机构，除了在学校的范围内做好教书育人的工作，也应当把科学的教育方法传播到社区，这种传播主要通过影响家庭教育来实现。这种科学教育方法的传递、对失之偏颇的教育理念的纠正，也应当是学校教育的职责。学校教育也在与家长的互动中实现自身的完善。顾明远教授说："最适合的教育才是最好的教育。"唯有和家庭的合作才能找到最适合孩子的教育、实现最好的教育。

第十二章　让学校的文化自然发生

童梦和红梦，既是我们给孩子的梦，更是他们自己的梦。

——杨秀红

"你们学校的墙好像和别的学校有些不太一样，怎么搞得这么干净？"

"是啊，那些花花绿绿的东西，我们弄起来也累啊，还不如干脆就不弄了。"我"无奈"地回答道。

对于这个回答，曹校长似乎有些不解，又似乎有些别的想法，她"狡黠"地眨了两下眼睛，说道："不对啊，我也去过不少内地的学校，我觉得它们可是巴不得把自己的各种口号标语、建设成果弄到墙上，到了你这里怎么就变得'嫌麻烦'了呢？"

"其实我觉得校园吧，不要有太多的东西，东西太多就成了视觉污染，影响学生的视觉，干扰他们的感知。你看我们街边的那么多宣传栏，密密麻麻的一大堆，可有谁会认真地去看啊，学校搞的东西也是一样的。要少而精，不要什么东西都往墙上堆。要以人为本，如果不是需要的，如果不是孩子所喜欢的，只是为了大人或领导，它就不应该在校园这个属于孩子的世界里出现。"

"看来……真的是不一样啊，我开始理解为什么唯独是你成了广州市基础教育系统的国务院特殊津贴专家了。"曹校长感叹道，"这种真正处处为学生着想的精神，是我们今天来交流学到的最宝贵的一课。"

曹校长就是香港广东道官立小学校长曹小燕。2016年10月31日，曹校长一行4人到棠澍进行为期一天的交流访问活动。我向香港同行们介绍了棠澍小学概况及办学特色，而曹校长与香港广东道官立小学的余庆贤副校长、赵红梅主任、张思琪主任也分别介绍了广东道官立小学的办学理念及办学特色和亮点项目，交流气氛融洽而热烈。

我带领他们参观了棠澍的经典校本课程：电脑绘画、音乐艺术及剪纸等特色课程。多彩的课程带给香港同行别样的欢乐，我可以感受到他们被本土文艺的魅力所深深吸引。

在参观过程中，曹校长总是行至一半便若有所思，我好几次看她欲言又止。曹校长在想什么呢？我心里也不禁产生了这个疑问。

临行前，双方交换了纪念品，曹校长对学校的热情招待以及精彩的课程安排表示了由衷的感谢。我为曹校长一行送行，在行至校园中庭的时候，曹校长的步子渐渐慢了下来，然后再一次转过身来，静静地回望棠澍校园。

驻足许久，她终于向一旁的我表达了自己的疑惑："你们学校的墙好像和别的学校有些不太一样……"

图 12-1　广东道官立小学领导来棠澍访问

送别了曹校长，我心里恍然大悟，原来她心里一直悬而未决的疑问是这个！

在曹校长看来，是作为校长的我给了她经验和启发。其实，为曹校长"备课"的又何止是我一个人，这种融入校园每一个角落的"以生为本"

的精神，是每一个棠澍人贴心呵护、每日浇灌之后结出的文化之果。

学校文化依仗什么生长？

学校文化是一个学校的办学理念和精神风气的重要体现，是学校发展不竭的力量之源。良好的校园文化能够创造浓厚的氛围，促进学生的身心发展，激发教师工作热情，凝聚学校发展方向。我作为学校文化的建设者和领导者，有责任根据学校实情，创建适合于学校发展的文化，才能彰显教育的力量和魅力。可是，文化本身就是精神的、无实体的东西，我要以什么为支点去托住它、发展它，让它能够攀附于一个实际的规则之上茁壮成长呢？

我们知道，校园环境是学校发展的物质基础，又是校园文化建设的一个重要部分。棠澍的校舍是我在任期间从零开始修建的，新校舍虽然带来了舒适、便利的设施环境，但却少了一份文化的积淀。建校之初，人与环境之间那种在时光中磨合出来的和谐关系亟待进一步建立。

同时，这也使得我们拥有了对校园整体设施进行最优规划的可能性。基于复杂科学的管理耗散结构理论告诉我们，在这种状态下进行教育组织管理的决策变动也是最为经济和科学的。

但是，具体要怎么做、怎么规划，却不是我的"一言堂"。虽然在"把握学校整体状态"这一点上，我可以说有着绝对的自信，但我依旧不认为自己就已经尽善尽美，能够超越"群众力量的总和"了。相反，集思广益、变群体中每一个人的智慧为真正的"群体智慧"，正是我作为校长管理学校的第一信条。

新学期伊始，在正式入驻新校舍后的首次教师大会上，全体教师一个个坐进新建成的敞亮会议室，英姿飒爽，意气风发，仿佛窗外的阳光也敌不过我们这个集体的朝气。借此机会，我向与会同僚们提出了我们要进行校园环境和校园文化建设的动议："老师们，建设一个良好的校园环境对于我们这所刚刚起航的新学校而言，无疑有着极为重要的作用。苏霍姆林斯基就十分重视校园环境建设，他曾指出'用环境，用学生自己创造的周围情景进行教育，这是教育过程中最微妙的领域之一'。今天在这里，我就想请大家就这个问题谈谈自己的想法。"

就这样，是棠澍的全体同仁和我一起，以学校环境为切入点，开始书写我们关于最后一个追问的第一份答卷……

棠澍：因人而动，自然发生

谁不希望自己有一个理想的工作环境？谁不愿意看到自己的学生们能够在一个欣欣向荣的校园中茁壮成长？

在我提出动议后，老师们纷纷异常踊跃地提出各自的想法。完成例行工作后的教师大会，成了以"什么是校园文化环境""怎样建设好校园文化环境"为主题的大讨论。

毕业于知名师范大学的周老师首先在学术上给了我们一些启发："其实校园环境这个东西不只是我们一般以为的校园里的各种景观、宣传栏、装饰，除了这些物质的东西外，也包括非物质的精神和理念。我觉得杨校长让我们想校园环境的设计方案，其实还有更进一步的意思，就是要打造我们棠澍的独特的校园文化。"

语文教研组组长陈老师提出人文精神的重要性："我觉得，我们在校园文化建设中一定要体现人文精神。人文精神就是要以人为本，去传承先人留给我们的、有助于培养我们的学生们的优秀文化，要用它们去塑造我们的校园环境布局，去丰富孩子们的内心世界，引导它向正确的方向发展。"

音乐组的小杨老师认为要追求整洁而优雅的校园环境："我觉得我

们的校园环境的最低限度是要做到整洁，要让校园给人以积极的审美体验，而要达到的最高目标是优雅，能够为学生的美育和德育提供良好的土壤，对他们的世界观、文化品位、审美情趣进行正确的引导。"

五(1)班的班主任杜老师则建议校园环境建设要有利于校园文化活动的开展："我们搞活动的时候，适宜活动的校园环境能让同一种活动呈现出截然不同的实施效果。我们的校园不仅仅是一种坏境，有时候，它也能成为校园文化活动的一个重要的构成要素。因此校园布局应该要考虑到开展多种校园文化活动的可能性，让宽敞、安全、令人身心舒畅的校园环境成为营造浓郁校园文化氛围的助推器，培养和满足学生多种多样的兴趣爱好，如举办趣味运动会、学生艺术作品展、优秀影视作品赏析等活动，拓展知识面，提高人文精神和人文素养。"

夕阳西下，讨论虽然暂时告一段落，但它在我们心中引起的波澜却并没有平息。由班主任到班级，由班级到学生，由学生到家长，这次会议的影响正逐渐荡漾开来，推动棠澍这艘刚刚起航的轮船向着属于自己的目的地不断前行。

会后，班主任们在各自的班级里开展了"我心目中的美丽校园"主题班会。受到"大讨论"精神的感召，班主任们的思路被打开了，许多班主任都模仿教师间的大讨论，为这次主题班会创设了前所未有的"开放环境"，让学生不要有思想包袱，根据自己的需要和想法畅所欲言。而不像别的一些学校，请学生谈想法，然后为这些想法贴上"听起来很好但因为种种原因不实用"的标签，最后由老师自己筛选、补充几条无关痛痒的"象征性"意见反馈给学校，不求有功但求无过。

这次主题班会大大刺激了孩子们的主人翁意识，孩子们并不缺乏对自己学习环境的思考、发展意见甚至批判，只要有一个没有压力的平台，无数新奇、有趣又引人深思的点子就会从孩子们的脑袋里源源不断地冒出来。

　　兴奋的孩子们回家后，纷纷将主题班会过程分享给自己的家长。这也让棠澍的家长们关注到了学校的这一想法，棠澍"家校共生"的特点也在这一刻充分地发挥了出来。许多棠澍家长或利用自己的专业知识，或利用自己的管理经验，或利用平日里对自家孩子感受的敏锐观察，积极为我们建言献策，提供便利的条件。

　　来自学生、家长和教师的意见不断磨合、互为补充，我们的校园环境建设的"三少三多"原则也在这样的过程中逐渐成型——少标语、少"卖弄"、少刻板，多空地、多安全、多童趣。

　　同时，诸多符合"三少三多"原则的具体建设意见也逐渐被实践：学生的作品、学生的活动展示取代了原先的口号宣传，经典诗词取代了毫无根据的"自吹自擂"，学校空地上的杂物被清空了，教学楼的楼梯中间出现了一道"右行线"，每一个教室的窗前都设置了一个展板，用来向每一位同学提供必要的日程和学习计划信息……

　　一位刚从外校调入棠澍的老师曾这样向我感慨道："杨校长，这几天我们棠澍的校园环境建设真是太让我惊艳了，我从来没想过那么多小小的布置能起到那么好的效果。我觉得，这正是因为我们的建议是动员所有的师生提出来的，是由一个个自然而然出现的微小创新和智慧最终积累的结晶，而不是像别的学校那样，由站在上面'睥睨众生'的专家设计出一整套光鲜却不接地气的方案。我真的感受到了人性化，感受到了'为了人而存在的环境，为了人的发展而建构的文化'。这也多亏了我们棠澍是一个开放、和谐的大家庭，每一个人都愿意而且乐意和大家分享自己的设想。您说，我们不仅要搞好物质的校园环境，还要打造更高的精神层面的校园文化，我觉得我们棠澍这种民主、自由、开放的讨论过程，大家一起为了一个共同愿景群策群力的过程，我还没有在其他学校见过，它本身就应该是我们棠澍的学校文化里不可或缺的重要部分。"

　　随着校园文化环境建设如火如荼地展开，一个信念也在我心中逐渐清晰。那就是学校文化生长赖以攀附的，不是什么外在的东西，而是人的需求——它不仅是我作为学校领导者和学校管理者的需求，也是以学生为主体，包括家长、教职工在内的所有棠澍人的需求；不但是我们从理论上、从管理者的视野中认识到的需求，更是每一个棠澍人在每天工作学习的过程中自然而然产生的需求。

文化是为人服务的，而棠澍的文化，就应该循着人的需求，因人而动，自然发生！

这一认识奠定了棠澍文化发展的主基调，让棠澍走上了属于自己的发展之路。

秉持自然主义的发展理念，坚持众创共享的发展方式，使我们的学校在发展过程中获益良多，而沿途风景更让我对教育的本真有了更深入的体会。

当前很多学校对于学校文化内涵的把握存在误解，同时外延又过于狭窄。它们总是觉得，学校文化就是规划者或者教育专家赋予学校的一顶帽子，学校要做的就是把自己的头塞进去。这样的看法忽略了学校的历史积淀和学校文化的实质，也就使得它们最终做出来的东西虚无缥缈，不接地气，得不到师生的广泛认同。而不能得到大家的认同，即使文件上、宣传上说得再好听，也只是一纸空文。

学校发展并不是一个无谓的过程，它本身就在生产着一些东西：过去的叫历史，现在的叫经验，当对这种经验加以提炼时，它就是一种学校文化。很大程度上，学校文化是自然积淀出来的，而不是后天人为附加上去的，因为它不仅是一种物质文化建设、一种外在的美化和"育人功能"，还是一种精神、一种对师生员工日常行为的陶冶。

学校不是校长或少数专家领导的学校，而是全体师生员工的学校，学校文化属于生活在学校这一空间中的每一个人。在某种意义上，我们甚至可以说学校文化就是学校每一个师生员工精神面貌的总和。如果学校文化建设缺乏广大教师和学生的参与，不仅会让学校文化自身的存在意义岌岌可危，还会清零学校文化的教育效益。

正因为我们很难去了解每一个师生员工的习惯，所以光凭"自上而下"撒播的学校文化也就难以精准渗透，我们必须要用"自下而上"、"自然蒸腾"的基层经验来对学校文化进行补充。换句话说，让学校文化自然生发，让自然生发的文化带动学校走最适合自己的发展道路。

骏威：精益求精，文化创新

在棠澍，我找到了属于自己的文化生发之路。但是，真正优秀的学校文化又该是什么样子的？我们又要通过什么样的路径去培养这种理想的学校文化呢？

我觉得，要真正感染、影响孩子，只有两条路，一是帮助孩子们将原来就有的良好品质培育出来，给他们提供土壤，使其生长；二是把一些真正有益、有趣、符合时代特点和他们的认知特点的东西渗透进去，让它丰盈。

2017年，我来到了骏威小学，心中既激动，又忐忑。一方面，我带着棠澍人给我的信心和鼓励而来，希望能够在这里向着我的教育理想再迈出坚实的一步；另一方面，因为棠澍是一所"新生"的学校，我实际上缺乏作为继任校长的经验。

骏威是我们花都的老牌名校，已经具有了较为完善的发展体系，要如何迅速打破"空降"带来的隔膜，从根本上理解骏威既有的发展路径和学校文化，继承基础、开拓创新，让骏威成为花都教育的一张名片，真正起到引领示范作用，就成了横亘在我眼前的首要问题。

经过仔细斟酌，我决定以回归自然为立足点，心怀社会，与时俱进，在既有的良好体系上继续拓展，呼应时代转变，为"童梦"教育增添新的"红梦"内涵，让学校文化愈发丰盈。

学校的发展实质上是一种学校文化的重建，必须进入学校文化实践场域、回到学校这一具体的教育教学环境中，才有意义。"红梦"和"童梦"不能仅仅是好听的口号，也必须在孩子们的不同发展层次中、学校教育的各构成要素中有对应的实体。

我们每一位一线的教育者都能感受到一个困境，即使授课老师水平再好，孩子对于上课的倦怠总是不可避免的——因为他们上的课总是静态的：相同的形式、相同的教室、国家规定的标准课程、从未有过新鲜面孔的同班同学……这不符合孩子们好动、好奇、渴望新鲜感的天性啊！

"童梦"是指向学生个性发展的学校文化，课程是学校实施素质教育的载体、是推进素质教育的重要渠道，而两者结合后的硕果，便是我们的"我追我梦自选课程"第二课堂活动。这一活动秉持了骏威"以梦扬志，乐学广才"的办学理念，学校根据调查的结果，不仅让老师们根据自己的特长开设课程，而且还挖掘家长义工资源，开设志愿者特长课，并根据需要联合社会力量，开设免费课程。

作为公立学校，我们可以追求双赢，但一定要保持校内教育的纯洁性、纯粹性和高质量。我们一方面向社会开放我们的"课程平台"，另一方面对课程辅助机构入校严格把关，只引进通过资质审核、师资力量雄厚、教学经验丰富的校外教育资源，双方郑重地举行签约仪式，为第二课堂活动开展形成有力保障。

通过我们的精心选择、反复比较、巧妙组合，骏威确立了四个"梦想家"系列课程，设计了近80个自主课程供孩子自由选择。

不需要等"长大后"、"考上大学后"，孩子们就能朝着自己的梦想迈开坚实的一步。我们的课程包括：小科学家课程——智能机器人、编程、电脑板报、科学实验、快乐电学、动漫、3D打印、小小建筑师等；

小艺术家课程——声乐、舞蹈、器乐、版画、国画、不织布、非洲鼓等；小健将课程——定向越野、足球、羽毛球、象棋、健美操、击剑、跆拳道等；小文学家课程——阅读写作、诵读表演、语言艺术、相声快板、趣味英语、趣味数学等。

此外，上学期新开发的"马文化"公益项目、非遗项目"广彩珐琅"更是深受孩子们的欢迎，骏威的小骑手和小传统艺术家们已经在街坊邻居间传为美谈。

"童梦"和课程的结合，将原本静态、呆板的课程变得富有动感和朝气，给儿童好动的天性以最大尊重，充分培养了他们的想象力和创造力。但是，当我在一周中连续几次不得不劝导用稚嫩的童音在走廊上大喊大叫、追逐打闹的孩子们时，我又深深觉得梦要落到实处，回到生活中。

"童梦"教育培养的是有梦的人，更多指向个人发展，但人还是社会人，马克思说"人是社会关系的总和"，孩子们必须要学会遵守规则、培养合作意识、融入社会大环境，才能有条件在现代社会中一步步实现自己的梦想。

为此，我以红军为契机，开展了以促进社会化为目标的新"红梦"教育。

1927 年 12 月 11 日，中共广东省委为贯彻党的"八七"会议精神，反抗国民党反动派的压迫，发动了震惊中外的广州起义。广州起义是中国共产党和中国人民继南昌起义、湘赣边秋收起义之后，对国民党反动派的又一次英勇反击，是在城市建立苏维埃政权的大胆尝试。

九十年弹指一挥间，广州起义精神永存，革命先烈的光辉业绩和崇高精神永存，他们像一座历史的丰碑，永远矗立在我们心中，激励着我们。2017 年 12 月 21 日下午，中国工农红军小学纪念广州起义暨红四师成立 90 周年活动在骏威隆重举行。全国红办、省、市、区各级领导及全国各地红军小学的校长共同来到骏威，出席了本次活动。全国红办爱国主义国旗教育基地更是向广州起义红军小学赠送了一面珍贵的来自天安门的国旗。

国歌在骏威的操场上奏响，国旗升起，脚踏祖国的大地，背负民族的希望，孩子们排着整齐的队伍来到操场上，他们就是明天的太阳。军歌嘹亮，军旗飘扬，"从我做起，从一点一滴做起，不忘初心，永远向前"，是孩子们从红军身上学到的精神。征途漫漫，红旗飘飘，日月星辰，千秋照耀，红军小学的孩子们高举中国工农红军的旗帜，在新长征的路上勇往直前。

图 12-2　升旗仪式

升旗仪式后的文艺汇演上，孩子们继承红军艰苦奋斗、勇往直前的革命传统，向大家展现了共产主义接班人的新风新貌。语言表演社团的孩子们表演了快板《升国旗》。红军小学的小战士们从小就树立了报效祖国、服务人民的远大志向，管乐队的孩子们为大家表演了管乐合奏《小小志愿者》。红色歌舞表演《不忘初心忆红军》中，孩子们整齐而又有力的舞蹈，为我们展现了当代少年身体里的生机活力与革命纪律的融合。

最后，骏威的少先队员代表夏子轩带领全体红军小学的少先队员庄严宣誓："弘扬红军精神，继承革命传统，努力学习，团结友爱，不怕困难，勇往直前，为实现中华民族伟大复兴的中国梦，贡献出一切力量!"全体少先队员高唱《国际歌》，活动在稚嫩而整齐的歌声中圆满落幕。

"红梦"不仅体现在仪式和活动中，还渗透在骏威日常的校园生活里：每周升旗仪式。红军小学的军歌、冲上云霄的歌声不仅让孩子们感受到团结、合作、纪律的伟大力量，也振奋了我们全校教职工的心。在骏威，孩子们个个以小红军为榜样，让日常的排队成为一道亮丽的风景线。无论放学回家时、移动课室时还是大课间活动时，骏威的孩子们总是会排成一支支整齐的队伍。

我经常告诉孩子们："红军叔叔是不是井然有序、纪律严明？这样才能保证革命的胜利啊。""红梦"不仅是纪律、文化、信念，更是自己的一种自律、一种修行。我们时时刻刻引领骏威的孩子们以红军为个人榜样。

少年兴则国兴，少年强则国强。"红梦"教育让我们的孩子们铭记先辈英勇战斗、不怕牺牲的革命精神，继承红军艰苦奋斗、勇往直前的革命传统。新时代，骏威要继续将红军精神在学习中发扬、在校园中发扬、在做人处事中发扬、在一点一滴的成长道路上发扬、在祖国的建设中发扬，让红军精神为少年儿童实现振兴中华的远大理想保驾护航。

在"童梦"与"红梦"的相融中，学校文化得到了不断丰富与再造。

现在，骏威的"童梦"和"红梦"已经水乳交融，不分彼此：在"第二课堂"的马术课程里，孩子们骑在马背上回忆红军的峥嵘岁月；在大课间活动中，孩子们把特制的安全跳绳挂在肩上，昂首挺胸，仿佛一个个小红军；在六一系列活动上，刚刚加入少年先锋队的孩子们排着整齐的队伍，加入到快乐的"阅读悦乐嘉年华"游园活动中……

谈到骏威，有的人会称赞这里孩子们丰富的兴趣和创新的精神，有的人会夸奖他们在校内校外的严格组织和纪律，但是当他们同时感受到这两个方面时，更多的是讶异。因为在一般人看来，创新和纪律仿佛是不相容的两极。

学校的发展，归根结底是人的发展，而骏威的"童梦"和"红梦"，恰恰应和了人的自然属性——个性和社会性。人本身就是复杂、综合的个体，要正视人的这种自然属性，去理解它、顺应它，而不是将它简单化，更不能因为表面上的"矛盾"而畏缩不前。优秀的人一定是社会性和个性都充分发展的人，棠澍的徐亨先生就是这样的榜样。

我们的学校的发展路径，也要遵循人的自然属性，既要重视孩子的个性，又不能忽视孩子的社会性，既要放飞"童梦"，又要脚踏实地践行"红梦"。只有这样，我们的文化才是自然发生的"好文化"；只有这样，我们培养出的人才是自然的、完整的、大写的"人"！

结　语

学校是孩子们学习科学、掌握知识的学园，学校是孩子们快乐生活、相互交往的乐园，学校是孩子们健康成长的环境良好的花园，学校是孩子们自己喜爱的幸福的家园。学校让少年儿童在生动活泼的氛围里学做人、学知识、学本领、增能力，成为"道德高尚、富有爱心、谦卑好学、习惯良好、关心他人、关注社会、能力出众、全面发展"的新一代。

通过环境和家长，学校已经为文化构建提供了良好的基础。学校文化不是一种装饰，而是人的需要，是基于人的本性的，既不能揠苗助长，又不能强加于学生。学校文化建设的真义，就在于基于自然、回归自然，遵循学校发展的自然逻辑。要深入本土去发现适宜学校生长的文化之芽，待其生发后，为其创建良好的环境，促进其茁壮成长，最后要以育人的思维去引导其方向。

这一切，都是为了一个本真——孩子真正的成长。

后　记

从接受写作任务到完成书稿，我用了整整一年的时间。

作为"广州好校长"人选，完成这部专著殊为不易。

首先，如何才能准确地归纳自己的教育思想？从事教育事业三十年，担任校长近二十年，我积累了大量的教学与管理经验，也主持了多项课题研究，出版了专著，但全面总结自己的教育思想，却很踌躇。作为一名教育实践者，能在教育与管理中取得一些成绩，我除了"认真"二字，并没有其他的"法宝"。自从 1984 年进入广州师范学院学习，当一名合格的教师就成了我毕生的追求。但是，不论作为教师还是管理者，前进的道路都不是一帆风顺的。个人学养的欠缺、功利社会风气的影响、现实存在的种种难题，时时困扰着我。要实现教育理想，我只能不停地"追问"，由此，"追问教育的初心"就成了这本专著的主题。

其次，如何搭建专著的框架？对教育本真的追问，当然是要从现象入手，在问题中寻求答案。但只问现象，思考还停留在浅层次上。只有从哲学层面对教育作深度、系统的思考，我们的教育实践才经得住时间的检验。为此，我从四个方面进行了追问：问自己的成长的内在逻辑、问基于教育目标的学生观、问校长角色的定位、问学校发展的内在规律，希望能通过这一系列的"追问"，为自己的教育实践探索找到科学的依据。

最后，收集材料很不容易。这本专著是从自己出生的家庭开始落笔的，如果从自己的祖辈外公算起，时间跨度近百年。尽管自己有很好的记录习惯，但资料仍然不够。因时间久远，有的资料还不一定准确。所以，查阅资料花费了我大量时间。尽管自己尽力还原当时的场景，但也不免会有不少谬误，这不能不说是一种遗憾。

在本书的写作中，华南师范大学《中小学德育》杂志社徐向阳副主编对于主题的提炼和写作框架的搭建提供了宝贵的指导；花都区教师进修学校的康幼平校长、我的同事林锐副校长对本书的写作和资料的收集付出了大量的心血，在此一并致谢！

杨秀红

2018 年 9 月